世界一美味しい！和食パスタの本

つむぎや／堤 人美／下条美緒

<もくじ>

① あえるだけパスタ

② のっけパスタ

③ さっと炒めパスタ

④ 作りおきソースでささっとパスタ

5. すぐでき パスタ

6. 皿あえ パスタ

7. 速《はや》炒め パスタ

8. パスタの友で ささっとパスタ

コラム

この本での約束ごと

- 1カップは200㎖、大さじ1は15㎖、小さじ1は5㎖です。
- 「ひとつまみ」とは、親指、ひとさし指、中指の3本で軽くつまんだ量。「ひとつかみ」は、片方の手全体でふわっとつかんだ量のことです。
- オリーブ油は「エキストラ・バージン・オリーブオイル」、めんつゆは、ストレートタイプを使用しています。2倍や3倍濃縮のめんつゆを使う場合は、「つけつゆ」の濃度に薄めて必要量を用意してください。
- パルメザンチーズは、粉チーズでも、かたまりのものをすりおろして使ってもOKです。
- 電子レンジの加熱時間は、600Wのものを基準にしています。500Wの場合は、1.2倍の時間を目安にしてください。機種によっては多少差が出ることもあります。

column ① スパゲッティのゆで方

1 スパゲッティ160～200g（2人分）をゆでるのに、湯は2.5ℓ用意する。深めの鍋に水を入れ、強火にかけて沸かす。

2 グラグラ沸騰したら、塩大さじ1$\frac{1}{2}$～2（25g= 湯の量の1%）を加える。

3 分量のスパゲッティを両手で持ち、軽く絞るような感じで内側にひねる。

4 両手をパッと離し、スパゲッティを放射状に広げて入れる。

5 すぐに菜箸で沈め、全体を湯にひたらせる。スパゲッティがくっつかないように、途中で1～2回混ぜてほぐす。吹きこぼれず、絶えず沸騰しているくらいの火加減でゆでる。

6 袋の表示時間の1分前になったら、1本引き上げて、つめで切ってかたさを確かめる。食べてみてもいい。少し芯が残るくらいの「アルデンテ」になればOK。

7 ゆで汁を使う時は、ざるに上げる前に必要量よりやや多めに取り分けておく。ソースをのばしたり、めんと具のからみをよくしたり、塩味をつけるために使う。

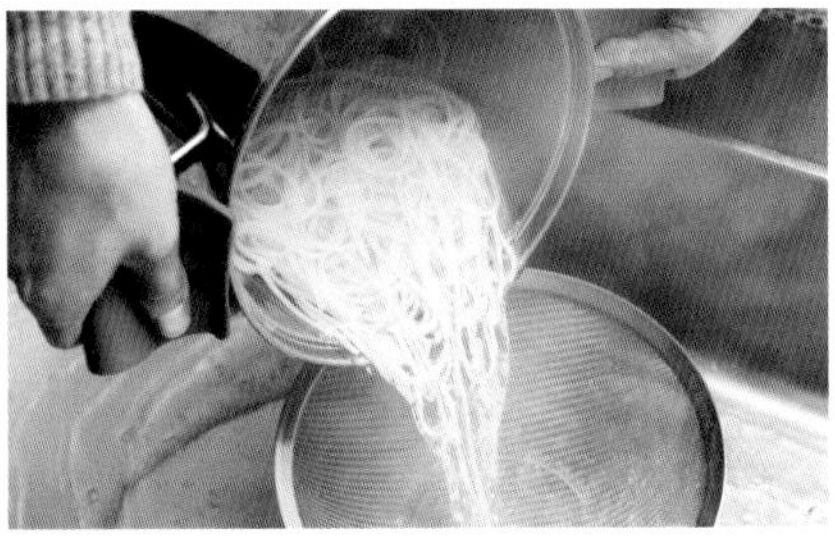

8 ゆで上がったらざるに上げ、湯をきる。

1. あえるだけパスタ

スパゲッティをゆでたら、
ハイ、もうでき上がり。
そんなスピード感で作れる、
パスタを集めました。
ボウルの中で、
切った材料とさっさっと混ぜるだけ。
ぐぐ〜ぅとお腹の虫が鳴いてから、
キッチンに立っても、もう大丈夫！

カリカリ梅とひじき

梅のカリッとした食感、
酸っぱさがきいてます。
梅の赤、ひじきの黒、ねぎの緑…
彩りも粋じゃありませんか。

●材料（2人分）

スパゲッティ … 160g

a
- カリカリ梅（粗みじん切り）… 8個
- 芽ひじき（乾燥・水につけて戻す）… 大さじ2
- めんつゆ（ストレート）… 大さじ3
- サラダ油 … 大さじ2
- 万能ねぎ（小口切り）… 適量
- 粉山椒 … 少々

●作り方

❶ スパゲッティは塩（分量外）を加えた熱湯でゆでる。

❷ ボウルにaを入れてよく混ぜ、湯をきった①を加えてあえる。

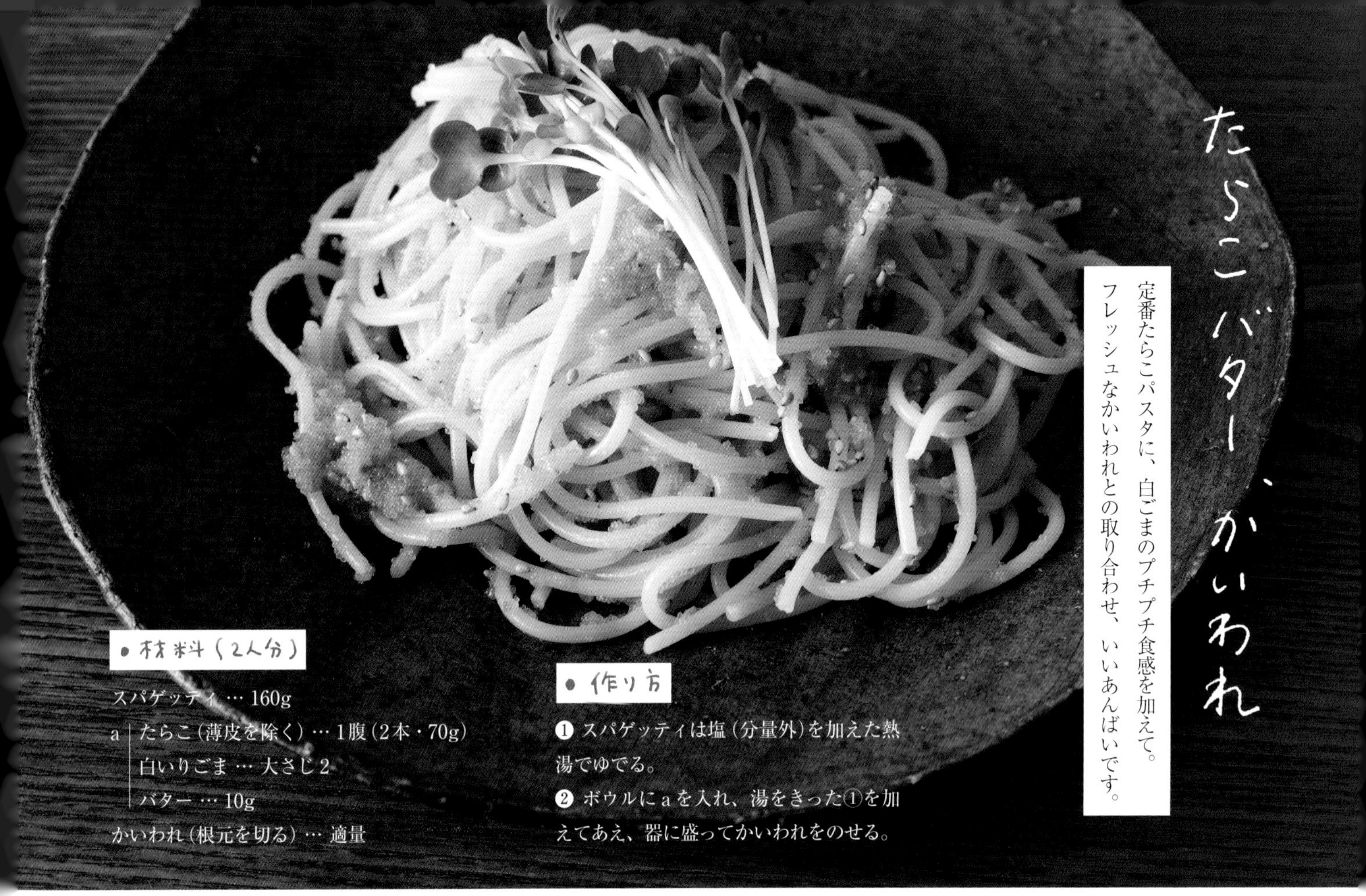

たらこバター、かいわれ

定番たらこパスタに、白ごまのプチプチ食感を加えて。フレッシュなかいわれとの取り合わせ、いいあんばいです。

● 材料（2人分）

スパゲッティ … 160g

a
- たらこ（薄皮を除く）… 1腹（2本・70g）
- 白いりごま … 大さじ2
- バター … 10g

かいわれ（根元を切る）… 適量

● 作り方

❶ スパゲッティは塩（分量外）を加えた熱湯でゆでる。

❷ ボウルにaを入れ、湯をきった①を加えてあえ、器に盛ってかいわれをのせる。

納豆、めかぶ、オクラ

イケメンねばねばファミリーが、3人こぞって大結集。たくあんのカリポリッが、実はなくてはならない存在。

● 材料（2人分）

スパゲッティ … 160g

a
- 納豆 … 1パック（50g）
- めかぶ … 1パック
- オクラ（小口切り）… 4本
- 長いも（粗みじん切り）… 3cm
- たくあん（粗みじん切り）… 2切れ
- めんつゆ（ストレート）… 大さじ2
- ごま油 … 大さじ1
- ゆずこしょう … 少々

刻みのり … 適量

● 作り方

❶ スパゲッティは塩（分量外）を加えた熱湯でゆでる。

❷ ボウルにaを入れてよく混ぜ、湯をきった①、ゆで汁大さじ2を加えてあえる。器に盛り、のりをのせる。

なめたけおろし

なめたけのびん詰と、大根おろし。
最強の和素材2大トップに、みそを加えて
さらにバージョンアップ。

●材料（2人分）

スパゲッティ … 160g

a | なめたけ（びん詰）… ½びん（60g）
  | 大根おろし（水けを軽く絞る）… 6〜8cm分
  | めんつゆ（ストレート）、サラダ油 … 各大さじ1
  | みそ … 小さじ1

万能ねぎ（1cm幅に切る）… 適量

●作り方

❶ スパゲッティは塩（分量外）を加えた熱湯でゆでる。

❷ ボウルにaを入れてよく混ぜ、湯をきった①、ゆで汁大さじ2を加えてあえる。器に盛り、万能ねぎを散らす。

桜えび、ゆかりバター

ひと口ごとに、桜えびの濃厚なうまみがしみわたります。
ゆかりの酸味と、まろやかなバターの新しい出会い！

●材料（2人分）

スパゲッティ … 160g

a | 桜えび … ½カップ
  | ゆかり … 大さじ1½
  | バター … 10g

●作り方

❶ スパゲッティは塩（分量外）を加えた熱湯でゆでる。

❷ ボウルにaを入れ、湯をきった①を加えてあえる。

かま玉パルメザンチーズ

めんつゆ味でまとめた、いわば和風カルボナーラ。
卵黄をくずして、とろっとしたところをいっちゃいましょう。

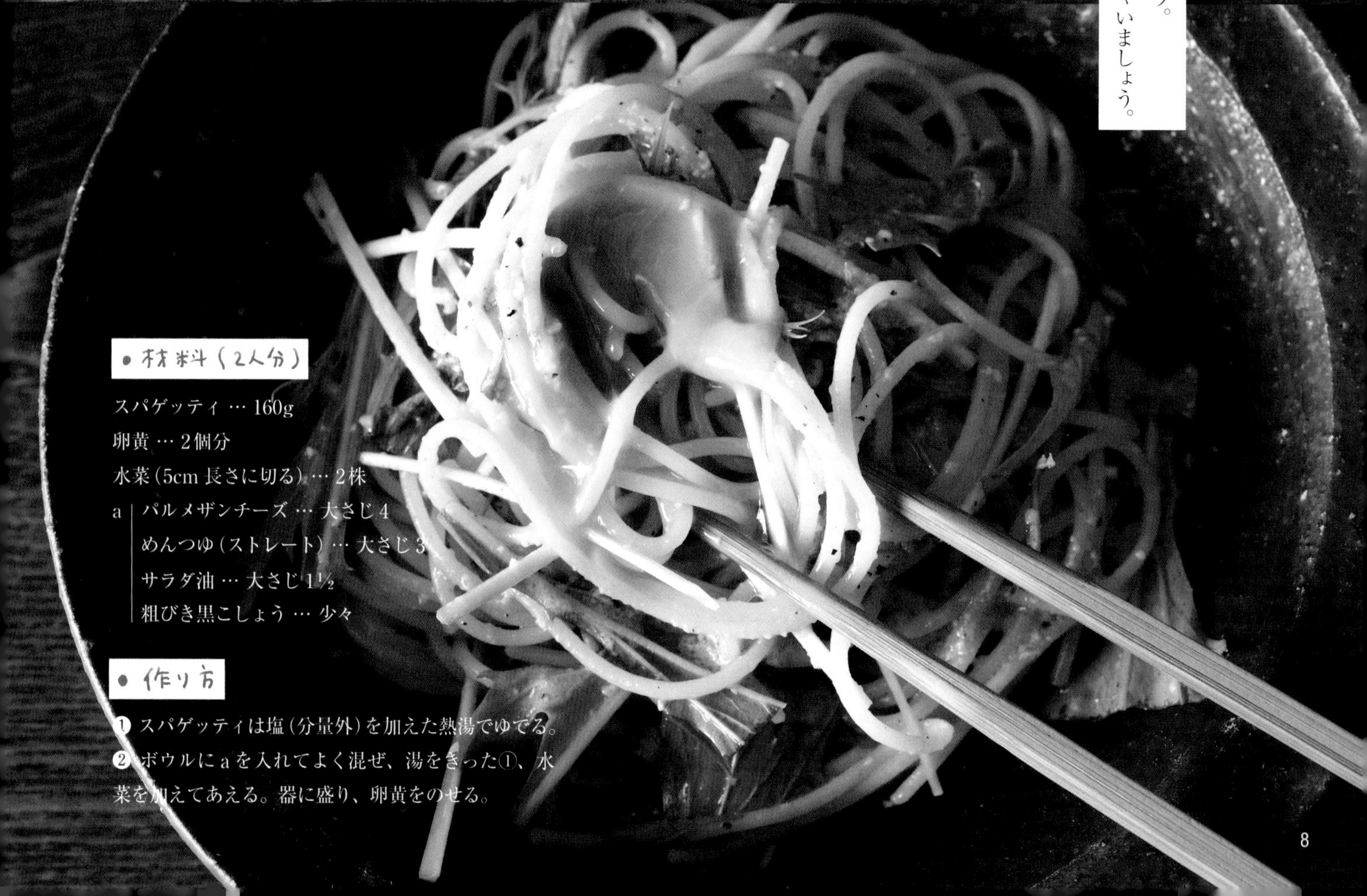

●材料（2人分）

スパゲッティ … 160g
卵黄 … 2個分
水菜（5cm長さに切る）… 2株
a
- パルメザンチーズ … 大さじ4
- めんつゆ（ストレート）… 大さじ3
- サラダ油 … 大さじ1½
- 粗びき黒こしょう … 少々

●作り方

❶ スパゲッティは塩（分量外）を加えた熱湯でゆでる。
❷ ボウルにaを入れてよく混ぜ、湯をきった①、水菜を加えてあえる。器に盛り、卵黄をのせる。

明太子とにんじんのすりおろし

明太子とにんじんって、合わせて食べると、どうしてこうもおいしいの。にんじんを混ぜ込まずに上にのせたら、う、美しい！

● 材料（2人分）

スパゲッティ … 160g
a　明太子（薄皮を除く）… 1腹（2本・70g）
　　ごま油 … 大さじ2
にんじん（すりおろす）… ⅔本
長ねぎ（せん切り）、
　粗びき黒こしょう … 各適量

● 作り方

❶ スパゲッティは塩（分量外）を加えた熱湯でゆでる。
❷ ボウルにaを入れてよく混ぜ、湯をきった①を加えてあえる。器に盛ってにんじん、長ねぎをのせ、黒こしょうをふる。

鮭フレークとブロッコリースプラウト

マヨネーズであえるからって、ジャンクだなんて呼ばないで。スプラウトの繊細さが、別もののおいしさに変えてくれます。

● 材料（2人分）

スパゲッティ … 160g
a　鮭フレーク … 大さじ3
　　マヨネーズ … 大さじ2
　　サラダ油 … 大さじ1
ブロッコリースプラウト
　（根元を切る）… ½パック
白いりごま … 適量

● 作り方

❶ スパゲッティは塩（分量外）を加えた熱湯でゆでる。
❷ ボウルにa、ゆで汁お玉1杯分（約¼カップ）を入れて混ぜ、湯をきった①、スプラウトを加えてあえる。器に盛り、白ごまをふる。

しらす、ゆず、青じそ

しらす&ゆずの皮のせん切り、さわやかですねぇ。
オリーブ油であえると、ゆずの風味がまた引き立つんです。

*作り方はp14

キャベツ、塩昆布、さきいか

塩昆布とさきいかを合わせて使えば、
うまみは最上級。
キャベツの代わりに、
白菜で作ってもおいしい。

*作り方はp14

キムチとカッテージチーズ

この2つの材料で作るディップ、
実は十八番なんです。
チーズ味パスタにキムチ風味をつける、
くらいのバランスが美味。

*作り方はp14

ひらひら大根とツナのわさびマヨ

ピーラーで薄く、長くスライスした大根がミソ。パスタも、わさびマヨも、よーくからみます。

＊作り方は p15

甘えびと水菜のポン酢粒マスタード

甘えびは、まずポン酢だれでヅケにしておきましょう。あえずにトッピングして、生ならではの食感を大切に。

＊作り方は p15

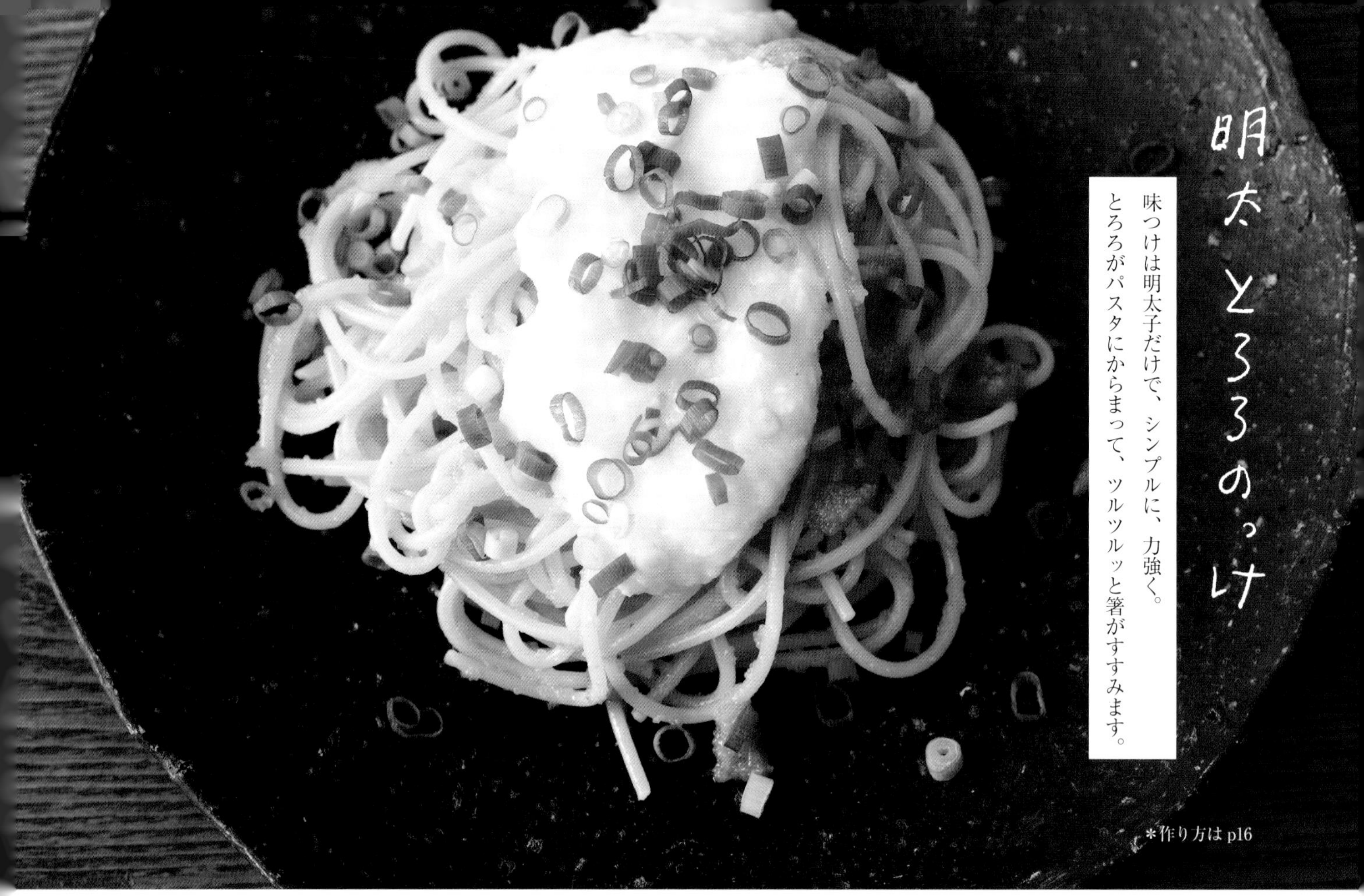

明太とろろのっけ

味つけは明太子だけで、シンプルに、力強く。
とろろがパスタにからまって、ツルツルッと箸がすすみます。

＊作り方は p16

生ハムと青じその冷製

かぼすの酸味をきゅっときかせれば、あと味さっぱり。
生ハムの塩け、七味唐辛子のピリリが、いいバランスです。

＊作り方は p16

くわい、ちりめん山椒

おにぎりやサンドイッチにしても抜群においしい、万能コンビ。のりが、実はなくてはならない切り札だとは！

＊作り方は p17

アボカド、しらす、玉ねぎ

この組み合わせ、実はごはんにのせてもいけます。玉ねぎのシャキシャキ感が、いい仕事をしてくれてます。

＊作り方は p17

パルメザンチーズとゆず

こんなシンプルパスタ、本場イタリアにもありそうです。マッシュルームを加えて、見た目と食感に変化球を。

＊作り方は p17

しらす、ゆず、青じそ

● 材料（2人分）

スパゲッティ … 160g

a | しらす … ½カップ
  | ゆずの皮（せん切り）… 1個分
  | オリーブ油 … 大さじ2

青じそ（せん切り）… 4枚

● 作り方

❶ スパゲッティは塩（分量外）を加えた熱湯でゆでる。

❷ ボウルにaを入れてよく混ぜ、湯をきった①を加えてあえ、器に盛って青じそをのせる。

ゆずの皮は、同じ柑橘系のレモンにはない、独特のやわらかい香りが魅力。せん切りにしてパスタとあえると、さわやかな風味と彩りがプラスされる。

キムチとカッテージチーズ

● 材料（2人分）

スパゲッティ … 160g

a | 白菜キムチ（粗みじん切り）… ¼カップ（50g）
  | カッテージチーズ … 150g
  | めんつゆ（ストレート）… 大さじ2

糸唐辛子 … 適量

● 作り方

❶ スパゲッティは塩（分量外）を加えた熱湯でゆでる。

❷ ボウルにaを入れてよく混ぜ、湯をきった①、ゆで汁大さじ2を加えてあえる。器に盛り、糸唐辛子をのせる。

カッテージチーズは、脱脂乳などから作られるフレッシュタイプのチーズ。淡泊でクセがなく、キムチやなめたけなど味の強いものと合わせるとおいしい。

キャベツ、塩昆布、さきいか

● 材料（2人分）

スパゲッティ … 160g

キャベツ（3～4cm角に切る）… 2枚

さきいか（3等分に切る）… ふたつまみ

a | 塩昆布 … 大さじ4
  | サラダ油 … 大さじ2

万能ねぎ（1cm幅に切る）… 適量

● 作り方

❶ スパゲッティは塩（分量外）を加えた熱湯でゆで、ゆで上がる1分前にキャベツ、さきいかを加え、一緒にゆでる。

❷ ボウルにaを入れてよく混ぜ、湯をきった①を加えてあえ、器に盛って万能ねぎを散らす。

おにぎりやお茶漬けでおなじみの塩昆布は、パスタとの相性もぴったり。あえるだけで風味のいいひと皿に。細切りのものは、パスタにからみやすくて便利。

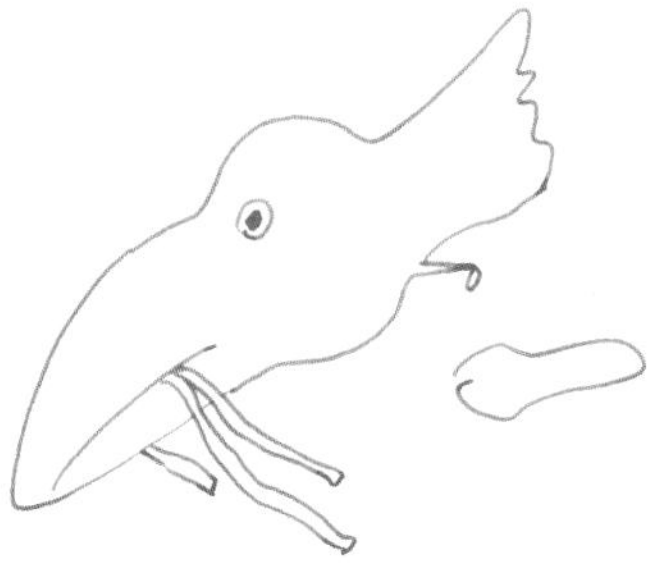

甘えびと水菜のポン酢粒マスタード

● 材料（2人分）

スパゲッティ … 160g
甘えび（刺身用・尾をとって半分に切る）… 14尾
a | めんつゆ（ストレート）… 大さじ4
　ポン酢じょうゆ … 大さじ2
　サラダ油 … 大さじ1
　粒マスタード … 小さじ1
水菜（5cm長さに切る）… 1株
塩昆布 … 大さじ1

● 作り方

❶ スパゲッティは塩（分量外）を加えた熱湯でゆでる。
❷ ボウルにaを入れてよく混ぜ、①がゆで上がるまで甘えびを漬ける。甘えびを取り出し、湯をきった①、水菜をボウルに加えてあえ、器に盛って甘えび、塩昆布をのせる。

甘えびは、パスタをゆでている間にポン酢だれに漬け、味を含ませる。パスタとはあえずに、あとでのせることで、生のとろっとした食感を楽しんで。

ひらひら大根とツナのわさびマヨ

● 材料（2人分）

スパゲッティ … 160g
大根（ピーラーでスライスし、水にさらす）
　… 10cm長さのもの縦$\frac{1}{2}$本分
a | ツナ缶（汁けをきる）… 小2缶（140g）
　マヨネーズ … 大さじ4
　塩 … 少々
b | めんつゆ（ストレート）… 大さじ2
　おろしわさび … 小さじ1
万能ねぎ（小口切り）、粗びき黒こしょう … 各適量

● 作り方

❶ スパゲッティは塩（分量外）を加えた熱湯でゆでる。
❷ ボウルにa、水けをきった大根を入れてよく混ぜ、湯をきった①、bを加えてあえる。器に盛り、万能ねぎと黒こしょうをふる。

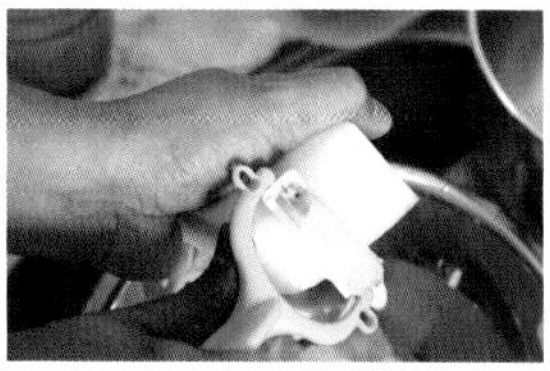

大根はピーラーでなるべく薄く、長くスライスする。こうすると、めんによくからむし、ひらひらした見た目と食感がおもしろい仕上がりに。

生ハムと青じその冷製

● 材料（2人分）

スパゲッティ（細めのもの）… 160g

a ｜ 生ハム（ひと口大に切る）… 3枚（60g）
｜ 青じそ（せん切り）… 4枚
｜ かぼすの絞り汁 … 大さじ2
｜ オリーブ油 … 大さじ1½
｜ 塩 … 少々

七味唐辛子 … 少々

● 作り方

❶ スパゲッティは塩（分量外）を加えた熱湯でゆで、冷水にさらし、ふきんで包んで上下にふって水けをしっかりきる。

❷ ボウルにaを入れ、①を加えてあえ、器に盛って七味唐辛子をふる。

ゆでたスパゲッティを水にさらし、ざるに上げて水けをきり、ふきんで包んで口を手でぎゅっと押さえたら、上下にふるようにして水けをしっかりきる。

明太とろろのっけ

● 材料（2人分）

スパゲッティ … 160g

a ｜ 明太子（薄皮を除く）… 1腹（2本・70g）
｜ サラダ油 … 大さじ2

長いも（すりおろす）… 10cm

万能ねぎ（小口切り）… 適量

● 作り方

❶ スパゲッティは塩（分量外）を加えた熱湯でゆでる。

❷ ボウルにaを入れてよく混ぜ、湯をきった①を加えてあえる。器に盛って長いもをのせ、万能ねぎを散らす。

明太子は包丁で縦に切り込みを入れ、包丁の背で中身だけをかき出し、薄皮を除いて使う。たらこの場合も同様にして。

ちくわ、ちりめん山椒

● 材料（2人分）

スパゲッティ（細めのもの）… 160g

a
- ちくわ（斜め薄切り）… 2本
- ちりめん山椒 … ⅓カップ（30g）
- めんつゆ（ストレート）… 大さじ4
- マヨネーズ … 大さじ2

刻みのり … 適量

● 作り方

❶ スパゲッティは塩（分量外）を加えた熱湯でゆでて、冷水にさらし、ふきんで包んで上下にふって水けをしっかりきる。

❷ ボウルにaを入れてよく混ぜ、①を加えてあえ、器に盛ってのりをのせる。

ちりめん山椒は、ちりめんじゃこと実山椒を甘辛く煮たもの。じゃこのうまみと歯ごたえ、山椒のピリッとした辛みは、パスタとも相性抜群。

パルメザンチーズとゆず

● 材料（2人分）

スパゲッティ … 160g

生マッシュルーム（薄切り）… 3個

a
- パルメザンチーズ … 大さじ3
- ゆずの絞り汁 … 1個分
- オリーブ油 … 大さじ2
- 塩 … 少々

ゆずの皮（せん切り）… 適量

粗びき黒こしょう … 少々

● 作り方

❶ スパゲッティは塩（分量外）を加えた熱湯でゆでて、ゆで上がる1分前にマッシュルームを加え、一緒にゆでる。

❷ ボウルにaを入れてよく混ぜ、湯をきった①、ゆで汁大さじ2を加えてあえる。器に盛ってゆずの皮を散らし、黒こしょうをふる。

アボカド、しらす、玉ねぎ

● 材料（2人分）

スパゲッティ（細めのもの）… 160g

アボカド（5mm厚さに切る）… 1個

しらす … ½カップ

a
- 玉ねぎ（薄切り）… ¼個
- めんつゆ（ストレート）… 大さじ4
- オリーブ油 … 大さじ2
- レモン汁 … 小さじ2
- 塩 … 少々

● 作り方

❶ スパゲッティは塩（分量外）を加えた熱湯でゆでて、冷水にさらし、ふきんで包んで上下にふって水けをしっかりきる。

❷ ボウルにaを入れてよく混ぜ、①、アボカド、しらすを加えてあえる。

◉アボカドの切り方

アボカドは包丁で縦に1周切り込みを入れ、手でねじって2つに分ける。

⇓

包丁の角を種に刺し、少しひねってはずす。

⇓

皮を包丁で縦にむき、食べやすい大きさに切る。

＊作り方は p22

ほたて缶とのりつくだ煮

うまみたっぷりの缶詰は、汁まであますところなく活用。のりのつくだ煮を合わせれば、磯の香りが、もう口いっぱいに！

さんま缶とクリームチーズ

甘めの蒲焼き缶には、黒こしょうのピリリ、ほしいですねぇ。クリームチーズとの取り合わせは、おにぎりの具にもグー。

＊作り方は p22

食べるラー油、えび、ブロッコリー

つむぎやオリジナルのさきいか&じゃこ入りラー油、いけますよ。
えびとブロッコリーをごろごろっと入れて、具だくさんに。

＊作り方は p23

かぼちゃのピーナッツバター風味

ピーナッツバターでパスタ。なんて新しい！
甘みを一味唐辛子で引きしめれば、お初とは思えないマッチングです。

＊作り方は p23

青じそ、みょうがの和風タルタルソース

青じその香り、みょうがのシャキシャキ感、日本人ですねぇ。マヨネーズ使いでサラダっぽいですが、サラダにとどめておくには、もったいないおいしさです。

＊作り方は p24

＊作り方は p24

もやし、にんじん、焼き豚のごまあえ

野菜が足りないなと感じたら、このスパゲッティを。コチュジャンとごま油をきかせれば、予想以上の満足感。

卵黄としば漬けのオイスター風味

卵黄をオイスターじょうゆに漬けたの、うまいんですよ、これが。そのおいしさをパスタで再現。しば漬けがまた、きいております。

＊作り方は p25

かに缶、ブロッコリースプラウトのナンプラー風味

かに缶のおいしい缶汁、もちろんムダなく使いましょう。ごま油を加えてコク出し。青じそ、かいわれで作ってもいいですよ。

＊作り方は p25

さんま缶とクリームチーズ

● 材料（2人分）

スパゲッティ … 160g

a
- さんまの蒲焼き缶（汁けをきる）… 2缶
- 青じそ（せん切り）… 4枚
- オリーブ油 … 大さじ1
- 塩 … 少々

クリームチーズ（1cm角に切る）… 40g

粗びき黒こしょう … 少々

● 作り方

❶ スパゲッティは塩（分量外）を加えた熱湯でゆでる。

❷ ボウルにaを入れてさっと混ぜ、湯をきった①を加えてあえる。器に盛ってクリームチーズをのせ、黒こしょうをふる。

ほたて缶とのりつくだ煮

● 材料（2人分）

スパゲッティ … 160g

a
- ほたて水煮缶 … 小1缶（70g）
- のりのつくだ煮 … 大さじ2
- サラダ油 … 大さじ1
- しょうゆ … 小さじ1

水菜（5cm長さに切る）… 2株

● 作り方

❶ スパゲッティは塩（分量外）を加えた熱湯でゆでる。

❷ ボウルにa（ほたて缶は汁ごと）を入れてよく混ぜ、湯をきった①、ゆで汁大さじ2、水菜を加えてあえる。

磯の風味が楽しめるのりのつくだ煮は、味つけをピタリと決めてくれるうまみ食材のひとつ。ほたて、いかなどの魚介と合わせるのがおすすめ。

かぼちゃの
ピーナッツバター風味

● 材料（2人分）

スパゲッティ … 160g
かぼちゃ … 1cm 厚さのくし形切り 4 枚
a ピーナッツバター（微糖・チャンクタイプ）… 大さじ 1½
　いしる（またはナンプラー）… 小さじ 2
　一味唐辛子 … 少々
プチトマト（4等分に切る）… 2個
松の実（からいりする）… 適量

● 作り方

❶ スパゲッティは塩（分量外）を加えた熱湯でゆで、ゆで上がる3分前に5mm 幅に切ったかぼちゃを加え、一緒にゆでる。
❷ ボウルに a、ゆで汁大さじ 4 を入れてよく混ぜ、湯をきった①を加えてあえる。器に盛り、プチトマトと松の実を散らす。

ピーナッツバターは、ピーナッツをすりつぶしてペースト状にしたもの。カリカリッとした食感がアクセントになるので、粒入りのチャンクタイプがおすすめ。かぼちゃやナッツと炒めても美味。

いしるは、いかなどを発酵させて作った石川・能登地方のしょうゆ（魚醤）で、秋田のしょっつるやタイのナンプラーも同じ仲間。写真は、だしを混ぜたマイルドなタイプ。これを使うなら、分量は大さじ1½に。

食べるラー油、
えび、ブロッコリー

● 材料（2人分）

スパゲッティ … 160g
殻つきえび（ブラックタイガーなど・殻と背ワタをとる）… 6尾
ブロッコリー（縦半分に切る）… 8房
食べるラー油 … 大さじ 3
香菜《シャンツァイ》（ざく切り）… 適量

● 作り方

❶ スパゲッティは塩（分量外）を加えた熱湯でゆで、ゆで上がる1分前にえびとブロッコリーを加え、一緒にゆでる。
❷ ボウルに湯をきった①、食べるラー油を入れてあえ、器に盛って香菜を散らす。

◉食べるラー油の作り方

材料（240ml 分）

さきいか … 40g
a コチュジャン … 大さじ 2
　しょうゆ … 大さじ 1
　豆板醤 … 小さじ⅓
b ちりめんじゃこ、黒いりごま … 各大さじ 2
　七味唐辛子 … 大さじ 1
c サラダ油 … 大さじ 5
　ごま油 … 大さじ 2

作り方

❶ ボウルにさきいか、ひたひたの水を入れて 10分おき、水けをきっていかを 2cm 長さに切り、ボウルに戻して a を混ぜる。
❷ 耐熱ボウルに b を入れ、フライパンの弱火で 5分熱した c を加え（やけどに注意）、粗熱がとれたら①を混ぜる。

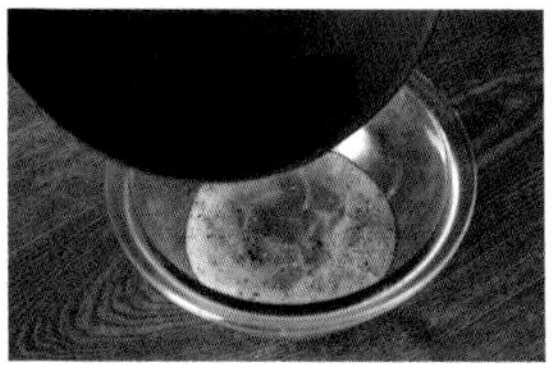

油をうっすら煙が出るくらいまで十分に熱し、じゃことごまに加え、香りを引き出すのがおいしさのポイント。

青じそ、みょうがの和風タルタルソース

● 材料（2人分）

ペンネ … 160g
ゆで卵 … 2個

a | マヨネーズ … 大さじ5
しょうゆ … 小さじ2
砂糖、サラダ油 … 各小さじ1

b | みょうが（みじん切りにし、水にさらす）… 1個
玉ねぎ（みじん切りにし、水にさらす）… ½個

青じそ（せん切り）… 4枚
粗びき黒こしょう … 少々

● 作り方

❶ ペンネは塩（分量外）を加えた熱湯でゆでる。
❷ ボウルにゆで卵を入れてフォークで粗めにつぶし、aを加えてよく混ぜ、湯をきった①、水けをきったbを加えてあえる。器に盛って青じそをのせ、黒こしょうをふる。

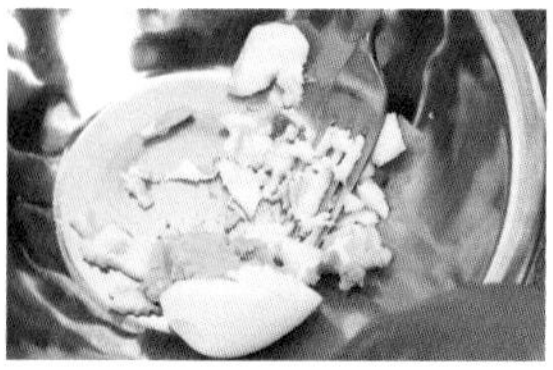

ゆで卵は、粗めにつぶすくらいのほうが、適度な食感が残っておいしい。フォークでざくざくっとラフに押しつぶして。

もやし、にんじん、焼き豚のごまあえ

● 材料（2人分）

スパゲッティ … 160g
もやし … ¼袋
にんじん（せん切り）… ¼本
市販の焼き豚（せん切り）… 4枚

a | 白すりごま、ごま油 … 各大さじ4
めんつゆ（ストレート）… 大さじ3
コチュジャン … 小さじ1

● 作り方

❶ スパゲッティは塩（分量外）を加えた熱湯でゆで、ゆで上がる1分前にもやし、にんじん、焼き豚を加え、一緒にゆでる。
❷ ボウルにaを入れてよく混ぜ、湯をきった①を加えてあえる。

コチュジャンは、甘みのある韓国の唐辛子みそで、ビビンバに使うことでおなじみ。豆板醤よりマイルドな辛みで、炒めものなどに加えるとおいしい。

にんじんともやしは、パスタがゆで上がる1分前に加え、一緒にゆでればラクチン。焼き豚も、温める程度にさっとゆでて。

かに缶、
ブロッコリースプラウトの
ナンプラー風味

● 材料（2人分）

スパゲッティ … 160g

a ｜ かに缶 … 小1缶（55g）
　｜ ナンプラー、サラダ油 … 各大さじ1
　｜ ごま油 … 大さじ½

ブロッコリースプラウト（根元を切る）… ½パック

● 作り方

❶ スパゲッティは塩（分量外）を加えた熱湯でゆでる。

❷ ボウルにa（かに缶は汁ごと）を入れてよく混ぜ、湯をきった①、ゆで汁大さじ2、ブロッコリースプラウトを加えてあえる。

ナンプラーは、タイを代表する調味料で、ベトナムのニョクマム同様、魚から作ったしょうゆ。味と香りに少しクセがあるけれど、強いうまみはやみつきになるおいしさ。

卵黄としば漬けの
オイスター風味

● 材料（2人分）

スパゲッティ … 160g

卵黄 … 2個分

a ｜ しば漬け（粗みじん切り）… 大さじ3
　｜ オイスターソース、サラダ油 … 各大さじ2

みつば（1cm幅に切る）… 2〜3本

● 作り方

❶ スパゲッティは塩（分量外）を加えた熱湯でゆでる。

❷ ボウルにa、ゆで汁お玉1½杯分（約75ml）を入れて混ぜ、湯をきった①、みつばを加えてあえる。器に盛り、卵黄をのせる。

しば漬けは、しそのいい香り、パリッとした歯ごたえ、鮮やかな色みが特徴。塩け、うまみ、酸味のバランスがとれているので、味つけにも役立つ。

column ②

野菜のちいさなおかず

豆苗《トウミョウ》とかにかまのナムル

●材料（2人分）
豆苗（根元を切る）… 1袋
かにかま（細くさく）… 2本
a ｜ごま油 … 小さじ2
　｜しょうゆ … 小さじ1弱
　｜にんにく（すりおろす）… 小さじ¼
　｜こしょう … 少々

●作り方
① 豆苗はさっと洗い、長いままラップで包んで電子レンジ（600W）で1分30秒加熱する。粗熱がとれたら水けを絞り、温かいうちにかにかまとともにaであえる。

焼きアスパラのチーズのせ

●材料（2人分）
グリーンアスパラ … 5～6本
オリーブ油 … 大さじ1
a ｜パルメザンチーズ … 大さじ1
　｜塩 … ふたつまみ
　｜粗びき黒こしょう、オリーブ油 … 各適量

●作り方
① アスパラは根元を折り、下5cmくらいのかたいところを包丁でたたいてつぶし、オリーブ油を入れたバットの中で転がして全体にまぶす。
② 魚焼きグリルの強火で焼き色がつくまで5～6分焼き、器に盛ってaをかける。

いんげんのカレーマヨあえ

●材料（2人分）
いんげん（ヘタをとる）… 16本
a ｜マヨネーズ … 大さじ1½
　｜カレー粉、しょうゆ … 各小さじ¼
ミックスナッツ（粗く刻む）… 適量

●作り方
① いんげんは塩（分量外）を加えた熱湯でゆで、斜め3等分に切り、混ぜたaであえる。器に盛り、ナッツを散らす。

長いもそうめん

●材料（2人分）
長いも … 7～8cm（150g）
a ｜めんつゆ（ストレート）、レモン汁 … 各大さじ1½
青のり … 適量

●作り方
① 長いもは皮をむいてスライサーでせん切りにし、混ぜたaをかけ、青のりをふる。

2. のっけパスタ

ゆでたスパゲッティに、
具をどどーんとのせればOK。
あとは、混ぜ混ぜして食べるだけ。
そんなパスタが大集合です。
肉も魚も、野菜だってどっさり。
ヘルシーなこのパスタを、
自分のものにできたら百人力！

温玉とパルメザンチーズ

のっけて、かけて、はいオシマイ。
いちばんシンプルなパスタです。
パルメザンチーズは、
もっとたっぷり入れてもおいしい。

● 材料（2人分）

スパゲッティ … 160g
温泉卵 … 2個
a | パルメザンチーズ … 大さじ4
粗びき黒こしょう、オリーブ油、しょうゆ … 各適量
万能ねぎ（小口切り）… 4本

● 作り方

❶ スパゲッティは塩（分量外）を加えた熱湯でゆでる。
❷ 湯をきった①を器に盛り、温泉卵をのせてaをかけ、万能ねぎを散らす。

塩ラー豆腐とねぎ

ダブルで加えたねぎ、ラー油のピリリが、おいしさの決めて。豆腐は水きりするのと、手でざっくり割ることで、味なじみよく。

＊作り方は p32

鮭フレークと水菜のマスタードマヨ

細かく刻んだ水菜の食感が、新しさ満点！マスタードのピリッとした辛みが、あとをひく味です。

＊作り方は p32

高菜明太じゃこ

博多の名産品「明太高菜」をイメージして。この具をごま油で炒めて食べてもおいしい。

＊作り方は p32

カマンベールチーズとおかか

カマンベールとおかかじょうゆは、大の仲良し。どっさりのパセリが、あと味をすっきりさせてくれます。

＊作り方は p32

ししとう、しらす、ポン酢

ししとうは、種の部分が黒くなるので、食べる直前に刻んで。
味つけは、ポン酢とオリーブ油をだーっとかけるだけ。

＊作り方は p33

たたききゅうりのごま塩あえ

これでもか！と加えた黒ごまとごま油で、きゅうりをあえて。
粉山椒のピリッが、実は大事なポイントなんです。

＊作り方は p33

モッツァレラ、トマト、アンチョビ

ピザの具でもおなじみの黄金トリオ。
モッツァレラはパスタが熱いうちに混ぜ、とろりとさせて。

＊作り方は p33

塩もみキャベツ、ツナ、韓国のり

ツナは手でもみほぐすと、ふんわり、ワンランク上のおいしさに。
キャベツはしんなりさせすぎずに、シャキッと感を残すのがコツ。

＊作り方は p33

高菜明太じゃこ

● 材料（2人分）

スパゲッティ … 160g

a｜高菜漬け（さっと洗ってせん切り）… 約½カップ（70g）
　｜明太子（薄皮を除く）… ½腹（1本・40g）
　｜ちりめんじゃこ … 大さじ2
　｜ごま油 … 大さじ1
　｜しょうゆ、みりん … 各小さじ½

● 作り方

❶ スパゲッティは塩（分量外）を加えた熱湯でゆでる。

❷ ボウルにaを入れてよく混ぜ、湯をきった①にのせる。

高菜漬けは、ピリッとした辛みがある高菜を塩漬けにしたもの。うまみが強く、パスタによく合う素材。ごま油で炒めてギョウザの具にしたり、ラーメンにのせても。

塩ラー豆腐とねぎ

● 材料（2人分）

スパゲッティ … 160g

木綿豆腐 … 1丁（300g）

a｜万能ねぎ（小口切り）… 4本
　｜長ねぎ（粗みじん切り）… ½本
　｜塩 … 小さじ1強

ラー油 … 小さじ1～1½

粗びき黒こしょう … 少々

● 作り方

❶ スパゲッティは塩（分量外）を加えた熱湯でゆでる。

❷ 豆腐はキッチンペーパー3枚で包み、電子レンジで1分加熱して軽く水きりし、手で大きめにくずしながらボウルに入れ、a、ラー油の順に混ぜる。

❸ 湯をきった①を器に盛り、②をのせ、黒こしょうをふる。

カマンベールチーズとおかか

● 材料（2人分）

スパゲッティ … 160g

a｜カマンベールチーズ（8等分に切る）… 1個（100g）
　｜削り節 … 1パック（4g）
　｜パセリ（みじん切り）… 大さじ2～3

b｜しょうゆ … 小さじ1
　｜粗びき黒こしょう、オリーブ油 … 各適量

● 作り方

❶ スパゲッティは塩（分量外）を加えた熱湯でゆでる。

❷ 湯をきった①を器に盛り、aをのせ、bをかける。

鮭フレークと水菜のマスタードマヨ

● 材料（2人分）

スパゲッティ … 160g

a｜鮭フレーク … 大さじ4
　｜フレンチマスタード … 大さじ½

水菜（5mm幅に切る）… 2株

マヨネーズ、粗びき黒こしょう、レモン … 各適量

● 作り方

❶ スパゲッティは塩（分量外）を加えた熱湯でゆでる。

❷ 湯をきった①を器に盛り、混ぜたa、水菜をのせてマヨネーズを細く絞り、黒こしょうをふってレモンを添える。

モッツァレラ、トマト、アンチョビ

● 材料（2人分）

スパゲッティ … 160g
モッツァレラチーズ（大きめにちぎる）… ½ 個（50g）
a | トマト（3cm 角に切る）… 2個
　| 青じそ（ちぎって水にさらす）… 10枚
　| アンチョビ（フィレ・ちぎる）… 4枚
　| オリーブ油 … 小さじ1
　| 粗びき黒こしょう … 少々
しょうゆ … 適量

● 作り方

❶ スパゲッティは塩（分量外）を加えた熱湯でゆでる。
❷ ボウルにaを入れてさっくり混ぜ、湯をきった①にモッツァレラチーズとともにのせ、しょうゆをかける。

ししとう、しらす、ポン酢

● 材料（2人分）

スパゲッティ … 160g
a | ししとう（小口切りにし、水にさらす）… 10本
　| しらす … 大さじ4
b | ポン酢じょうゆ 、オリーブ油 … 各大さじ1
粗びき黒こしょう … 少々

● 作り方

❶ スパゲッティは塩（分量外）を加えた熱湯でゆでる。
❷ 湯をきった①を器に盛り、aをのせてbをかけ、黒こしょうをふる。

塩もみキャベツ、ツナ、韓国のり

● 材料（2人分）

スパゲッティ … 160g
キャベツ（大きめにちぎる）… 2枚
ツナ缶（汁けをきってもみほぐす）… 小1缶（70g）
a | しょうゆ、ごま油 … 各小さじ1
　| こしょう … 少々
韓国のり（ちぎる）、マヨネーズ、一味唐辛子 … 各適量

● 作り方

❶ スパゲッティは塩（分量外）を加えた熱湯でゆでる。
❷ キャベツは塩小さじ ¼（分量外）をふって手でもみ、5分ほどしてしんなりしたら水けを絞る。ツナはaを混ぜる。
❸ 湯をきった①を器に盛り、②、韓国のり、マヨネーズをのせ、一味唐辛子をふる。

たたききゅうりのごま塩あえ

● 材料（2人分）

スパゲッティ … 160g
きゅうり（皮をしましまにむく）… 2本
a | 黒いりごま（半ずりにする）… 大さじ4
　| ごま油 … 大さじ2
　| 塩 … 小さじ ½
粉山椒 … 少々

● 作り方

❶ スパゲッティは塩（分量外）を加えた熱湯でゆでる。
❷ きゅうりは塩（分量外）をふって板ずりし、さっと洗い、すりこ木でたたいて3cm 長さに切る。これとaをボウルに入れて混ぜ、湯をきった①にのせ、粉山椒をふる。

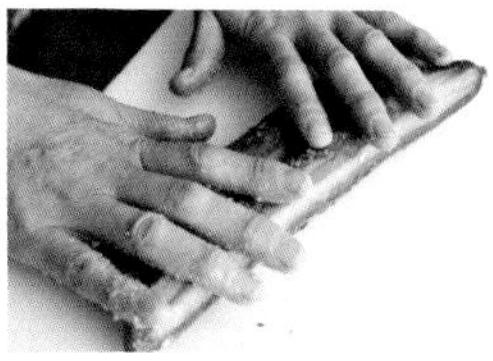

きゅうりは塩を多めにふり、まな板の上で両手でごろごろ転がす。これが「板ずり」。色鮮やかになり、味のなじみもよくなる。塩はさっと洗い流して。

クリームチーズとにんにくみそ

チーズ＋みそのクリーミーなおいしさの中に、ジャジャーン、にんにく参上。
少しだけど、あるとないとでは、うまみの強さが違います！

＊作り方はp38

わかめと揚げ玉のぶっかけ風

揚げ玉のコクが、いい味出してます。
卵をからめていただく、このシアワセ。

＊作り方はp38

春菊、焼き豚、きゅうり

さっぱりしたポン酢ベースのたれは、サラダのドレッシングにもおすすめ。春菊は葉先だけ使うと、たれとよくなじんで美味。

＊作り方は p38

アボカド、ザーサイ、じゃこ

アボカドとザーサイで作る、サラダもおいしいんです。じゃこの代わりにささみを加えれば、ボリュームアップバージョンに。

＊作り方は p38

オイルサーディンとイタリアンおろし

大根おろしには、オリーブ油とレモン汁を混ぜて。薬味ではなく、今日は具！たっぷりいただきます。

＊作り方は p38

れんこん、オクラ、梅黒ごま

野菜がいーっぱい食べられるパスタ。アスパラ、にんじん、スナップえんどう、グリーンピースで作ってもおいしい。

*作り方は p39

ふわふわしば漬け納豆

先に納豆だけぐるぐる混ぜて、ふわふわにするのがポイント。しば漬けの代わりにたくあんでも、また違ったおいしさに。

*作り方は p39

キムチ、アボカド、長ねぎ

キムチとアボカドで作るおかずサラダも、いけるんです。豆腐にのせたり、春巻きの皮で包んで揚げても美味。

＊作り方は p39

くずし豆腐梅クリーム

和風のカルボナーラをイメージしたら、こんなのができました。チーズがとろりと溶けたところが、食べごろです。

 ＊作り方は p39

春菊、焼き豚、きゅうり

● 材料（2人分）

スパゲッティ … 160g

a ｜ 春菊（葉先をつむ）… 1/3束
市販の焼き豚（5mm角の棒状に切る）… 100g
きゅうり（斜め薄切りにしてからせん切り）… 1本
ポン酢じょうゆ、白すりごま、オリーブ油 … 各大さじ2

b ｜ 焼き豚のたれ（添付のもの・あれば）… 小さじ1

● 作り方

❶ スパゲッティは塩（分量外）を加えた熱湯でゆでる。

❷ ボウルにaを入れて混ぜ、湯をきった①にのせ、bをかける。

アボカド、ザーサイ、じゃこ

● 材料（2人分）

スパゲッティ … 160g

a ｜ アボカド（スプーンで中身をこそげとる）… 1個＊
味つきザーサイ（太めのせん切り）… 1/2びん弱（40g）
ちりめんじゃこ … 大さじ3
長ねぎ（小口切り）… 1/4本
オリーブ油 … 大さじ2
酢 … 大さじ1
しょうゆ … 小さじ4
砂糖、塩、こしょう … 各少々

＊種と皮のとり方はp17へ

● 作り方

❶ スパゲッティは塩（分量外）を加えた熱湯でゆでる。

❷ ボウルにaを入れてさっくり混ぜ、湯をきった①にのせる。

オイルサーディンとイタリアンおろし

● 材料（2人分）

スパゲッティ … 160g

a ｜ オイルサーディン（油をきる）
… 1缶（105g）
プチトマト（横3等分に切る）… 6個
万能ねぎ（5cm長さに切る）… 4本

b ｜ 大根おろし（水けを絞る）
… 15cm分
オリーブ油 … 大さじ2
レモン汁 … 小さじ2
塩 … ふたつまみ
粗びき黒こしょう … 少々

しょうゆ … 適量

● 作り方

❶ スパゲッティは塩（分量外）を加えた熱湯でゆでる。

❷ 湯をきった①を器に盛り、a、混ぜたbをのせ、しょうゆをかける。

クリームチーズとにんにくみそ

● 材料（2人分）

スパゲッティ … 160g

クリームチーズ … 100g

a ｜ みそ … 小さじ1
にんにく（すりおろす）… 少々

青じそ（ちぎって水にさらす）… 10枚

● 作り方

❶ スパゲッティは塩（分量外）を加えた熱湯でゆでる。

❷ ボウルにクリームチーズをスプーンですくって入れ、aを加えてざっくり混ぜ、湯をきった①に青じそ、にんにくのすりおろし少々（分量外）とともにのせる。好みでしょうゆをかけて。

ボウルにクリームチーズを小さめのスプーンですくって入れ、みそとにんにくを加えたら、ゴムベラでざっくり混ぜる。あらかた混ざった状態、ランダムなくらいが美味。

わかめと揚げ玉のぶっかけ風

● 材料（2人分）

スパゲッティ … 160g

a ｜ 卵黄 … 2個分
塩蔵わかめ（水で戻してざく切り）… 40g
揚げ玉 … 大さじ3
しょうが（せん切り）… 1かけ
みょうが（小口切りにし、水にさらす）… 1個

めんつゆ（ストレート）… 大さじ4

● 作り方

❶ スパゲッティは塩（分量外）を加えた熱湯でゆでる。

❷ 湯をきった①を器に盛り、aをのせ、めんつゆをかける。

キムチ、アボカド、長ねぎ

● 材料（2人分）

スパゲッティ … 160g

a | 白菜キムチ … ⅓カップ弱（60g）
アボカド（2cm 角に切る）… 1個＊
長ねぎ（斜め薄切り）… ⅓本
白すりごま … 大さじ1
しょうゆ、ごま油 … 各大さじ½
塩、こしょう、粉唐辛子 … 各少々

＊種と皮のとり方は p17へ

● 作り方

❶ スパゲッティは塩（分量外）を加えた熱湯でゆでる。
❷ ボウルに a を入れてさっくり混ぜ、湯をきった①にのせる。

れんこん、オクラ、梅黒ごま

● 材料（2人分）

スパゲッティ … 160g
れんこん（薄切りにし、水にさらす）… 小1節（100g）
オクラ（縦半分に切る）… 8本
いんげん（斜め半分に大きく切る）… 4本

a | 黒すりごま、ゆず（またはレモン）の絞り汁
… 各大さじ2
しょうゆ、みりん … 各大さじ1½

梅干し（たたく）… 小さじ2

● 作り方

❶ スパゲッティは塩（分量外）を加えた熱湯でゆで、ゆで上がる1分前に野菜をすべて加え、一緒にゆでる。
❷ 湯をきった①を器に盛り、混ぜた a をかけ、梅干しを散らす。

オクラは塩（分量外）を多めにまぶし、指でこすって表面のうぶ毛をとり、口あたりをよくする。塩は洗い流して。

くずし豆腐の梅クリーム

● 材料（2人分）

スパゲッティ … 160g
絹ごし豆腐 … ½丁（150g）

a | 牛乳、ピザ用チーズ、白すりごま … 各大さじ2
梅干し（たたく）… 小さじ2
しょうゆ … 小さじ½

万能ねぎ（斜め 3cm 幅に切り、水にさらす）… 適量

● 作り方

❶ スパゲッティは塩（分量外）を加えた熱湯でゆでる。
❷ 豆腐はキッチンペーパー3枚で包み、電子レンジで1分加熱して軽く水きりし、ボウルに入れて泡立て器でくずし、a を混ぜる。
❸ 湯をきった①を器に盛り、②をのせ、万能ねぎを散らす。

まず、水きりした豆腐を泡立て器でぐるぐるっと混ぜてくずす。調味料を加えたら、なめらかなクリーム状になるまでよく混ぜて。

ふわふわしば漬け納豆

● 材料（2人分）

スパゲッティ … 160g
納豆 … 2パック（100g）

a | 長いも（すりおろす）… 3cm（50g）
しば漬け（みじん切り）… 大さじ4
オリーブ油 … 大さじ1

めんつゆ（ストレート）、青のり、練りがらし … 各適量

● 作り方

❶ スパゲッティは塩（分量外）を加えた熱湯でゆでる。
❷ ボウルに納豆を入れ、菜箸で100回ぐらいぐるぐるっと混ぜ、ふわふわになったら a を混ぜる。
❸ 湯をきった①を器に盛り、②をのせてめんつゆ、青のりをかけ、からしを添える。

ピリ辛たこみつば

たこをコチュジャンとみそであえて、コクたっぷりに。みつばは長いままさっとゆで、めんにからませます。

＊作り方は p42

ゆずこしょう漬けまぐろ、かいわれ

ピリリときいたゆずこしょうが、大人ですねぇ。まぐろを漬ける時間は、10分くらいでOKです。

＊作り方は p42

ゆかりとろろ、のり

とろろに卵を混ぜ、ふわふわに。ゆかりと青じそも加えれば、極上パスタソースに変身。

＊作り方は p42

白身魚のナンプラーマリネ

はちみつでまろやかな甘さをプラスした、マイルドなマリネ。彩りきれいな紫玉ねぎが理想的ですが、新玉ねぎでも。

＊作り方は p42

豆《トウ》苗《ミョウ》、ちくわ、岩のり

アツアツにバター、ナンプラー、レモン汁をからめて。ちくわの代わりに、蒸した鶏肉でもおいしいですよ。

＊作り方は p42

白身魚のナンプラーマリネ

● 材料（2人分）

スパゲッティ … 160g
白身魚の刺身（たいなど・薄切り）… 1さく（120g）
a ナンプラー、レモン汁 … 各大さじ1½
　はちみつ … 小さじ½
　にんにく（すりおろす）… ½かけ
　赤唐辛子（小口切り）… 1本
　粗びき黒こしょう … 少々
紫玉ねぎ（薄切りにし、水にさらす）… ¼個
香菜《シャンツァイ》（ざく切り）… 2株
ごま油 … 小さじ2

● 作り方

❶ スパゲッティは塩（分量外）を加えた熱湯でゆでる。
❷ ボウルにaを合わせて白身魚を入れ、ラップをぴったりはりつけて10分漬ける。
❸ 湯をきった①を器に盛り、②を汁ごと、紫玉ねぎ、香菜をのせ、ごま油をかける。

豆苗《トウミョウ》、ちくわ、岩のり

● 材料（2人分）

スパゲッティ … 160g
豆苗（根元を切る）… ½袋
a ちくわ（長さを半分に切り、細切り）… 2本
　にんにく（みじん切り）… ½かけ
　バター … 10g
ナンプラー … 大さじ½
岩のり、粗びき黒こしょう、レモン … 各適量

● 作り方

❶ スパゲッティは塩（分量外）を加えた熱湯でゆで、ゆで上がる1分前に豆苗を加え、一緒にゆでる。
❷ 湯をきった①を器に盛り、a、岩のりをのせてナンプラー、黒こしょうをかけ、レモンを添える。

岩のりは、岩に生育するのりを天日乾燥させたもの。普通ののりより香りが強く、歯ごたえがある。混ぜごはんや炊き込みごはんに散らしたり、お吸いものに入れても美味。

ピリ辛たこみつば

● 材料（2人分）

スパゲッティ … 160g
ゆでだこの足（ぶつ切り）… 大1本（150g）
みつば（根元を切る）… 1束
a コチュジャン、みそ … 各大さじ½
　ごま油 … 大さじ1
　みりん … 小さじ1
白すりごま … 適量

● 作り方

❶ スパゲッティは塩（分量外）を加えた熱湯でゆで、ゆで上がる直前にみつばを長いまま加え、一緒にゆでる。
❷ ボウルにaを合わせてたこをあえ、湯をきった①にのせ、すりごまをふる。好みでしょうゆをかけて。

ゆかりとろろ、のり

● 材料（2人分）

スパゲッティ … 160g
刻みのり … 適量
a 大和いも（すりおろす）… 100g
　卵 … 1個
　青じそ（みじん切り）… 10枚
　ゆかり … 大さじ½
　しょうゆ … 小さじ1

● 作り方

❶ スパゲッティは塩（分量外）を加えた熱湯でゆでる。
❷ ボウルにaを入れてよく混ぜ、湯をきった①にかけ、のりをのせる。

ゆずこしょう漬けまぐろ、かいわれ

● 材料（2人分）

スパゲッティ … 160g
まぐろ（刺身用・5mm厚さに切る）… 1さく（200g）
a しょうゆ、酒、オリーブ油 … 各大さじ1
　みりん … 小さじ2
　ゆずこしょう … 小さじ⅓
かいわれ（根元を切り、半分に切る）… ½パック

● 作り方

❶ スパゲッティは塩（分量外）を加えた熱湯でゆでる。
❷ バットにaを合わせてまぐろを入れ、ラップをぴったりはりつけて10分漬ける。
❸ 湯をきった①を器に盛り、②を汁ごと、かいわれをのせ、ゆずこしょう（分量外）を添える。

3.

さっと炒めパスタ

チャチャッとフライパンで炒めて作るパスタ。
少ない材料で、早く火が通る素材で、パパッとできたらうれしいな。
そんな願いに、がっつりおこたえします。
しょうゆ味、にんにく風味、みそ味、クリーム味…。
ええ、もう、バラエティ豊かにそろっていますよ。

どっさり万能ねぎとにんにく

薬味でちょろっとしか出番がなかった万能ねぎが、なんと主役に！
強火でしっかり焼くと甘みが出て、本当においしい。

＊作り方は p48

アスパラとひじきのペペロンチーノ

アスパラとひじきって、炒めものにしてもいけるんです。
アスパラは薄く切ると、皮をむかずに根元のほうまで食べられます。

＊作り方は p48

絹さや、じゃこ、たっぷりごま

絹さやをシャキッとおいしく炒めるコツは、水にさらすこと。どっさり加えたごまは、もう調味料代わりといっていいほど。

＊作り方は p49

れんこん、おかひじき、ウインナのソース味

れんこんはたたいて割ることで、味なじみよく。ウスターソースとバターの風味が、なんだか昔を思い出させる味です。

＊作り方は p49

たらこレモンクリーム

レモンの皮と果汁を加えて、さわやかなクリームパスタに。サラダ菜をプラスすれば、野菜だって一緒にとれます。

*作り方は p50

クレソン、桜えびの昆布茶味

昆布茶で味つけするから、らくちん&失敗知らず。トマトが味のまとめ役で、陰の主役。理由は、食べたらわかります。

*作り方は p50

焼ききのこおろし

きのこを焼きつける時は、ぎゅうっと押しつけるようにして。こうすると、しんなりしすぎず、歯ごたえがしっかり残ります。上に散らした、にんにくチップもポイントです。

＊作り方は p51

水菜とカリカリ油揚げのみそ味

みそとしょうゆで味をまとめる、純和風のパスタ。油揚げは、クルトンのイメージ。弱火でカリカリに炒めましょう。

＊作り方は p51

アスパラとひじきのペペロンチーノ

● 材料（2人分）

スパゲッティ … 160g
グリーンアスパラ（根元を折り、大きく斜め薄切り）… 4本
芽ひじき（乾燥・水につけて戻す）… 大さじ1強
にんにく（みじん切り）… ½かけ
赤唐辛子（半分に切って種をとる）… 1本
a しょうゆ … 小さじ1
　塩 … ふたつまみ
　こしょう … 少々
　ごま油 … 小さじ2
ごま油 … 大さじ1

● 作り方

❶ スパゲッティは塩（分量外）を加えた熱湯でゆでる。
❷ フライパンにごま油、にんにく、赤唐辛子を入れて弱火にかけ、香りが出たらアスパラ、ひじき、ゆで汁大さじ1〜2を加え、強火で炒める。
❸ 湯をきった①、ゆで汁大さじ2、aを加え、さっと炒め合わせる。好みでパルメザンチーズをふっても。

ごま油、にんにく、赤唐辛子をフライパンに入れてから火にかけ、木ベラで混ぜながら、弱火でじっくり炒めて香りを十分に出すのがポイント。にんにくをこがすと、苦くなるので注意。

どっさり万能ねぎとにんにく

● 材料（2人分）

スパゲッティ … 160g
万能ねぎ（半分に切る）… 1束
にんにく（つぶす）… 1かけ
a しょうゆ … 小さじ1
　塩 … ふたつまみ
　こしょう … 少々
　オリーブ油 … 小さじ2
オリーブ油 … 大さじ1

● 作り方

❶ スパゲッティは塩（分量外）を加えた熱湯でゆでる。
❷ フライパンにオリーブ油、にんにくを入れて弱火にかけ、香りが出たら万能ねぎを加え、強火で焼きつけるように炒める。
❸ 湯をきった①、ゆで汁大さじ2、aを加え、さっと炒め合わせる。好みでレモンを絞っても。

万能ねぎは、強火でしっかり焼きつけるのがポイント。少しこげめがつくくらいが、香ばしくておいしい。

れんこん、おかひじき、ウインナのソース味

● 材料（2人分）

スパゲッティ … 160g
れんこん（縦4等分に切り、
　すりこ木でひと口大に割る）… 小1節（100g）
おかひじき（根元のかたい部分を切る）… 1パック
ウインナ（斜め薄切り）… 2本
a ｜ウスターソース … 大さじ2
　｜塩、こしょう … 各少々
バター … 20g

● 作り方

❶ スパゲッティは塩（分量外）を加えた熱湯でゆでる。
❷ フライパンにバターを溶かし、れんこんを強火で焼きつけるように炒め、こんがりしたらウインナを加えてさっと炒め合わせる。
❸ 湯をきった①、おかひじき、ゆで汁大さじ2、aを加え、さっと炒め合わせる。

絹さや、じゃこ、たっぷりごま

● 材料（2人分）

スパゲッティ … 160g
絹さや（筋をとって水にさらす）… 2パック（100g）
にんにく（粗みじん切り）… 1かけ
a ｜ちりめんじゃこ … 大さじ4
　｜白いりごま … 大さじ2
　｜酒 … 小さじ2
b ｜しょうゆ … 小さじ1
　｜塩 … 小さじ¼
　｜こしょう … 少々
　｜オリーブ油 … 小さじ2
オリーブ油 … 大さじ1

● 作り方

❶ スパゲッティは塩（分量外）を加えた熱湯でゆでる。
❷ フライパンにオリーブ油、にんにくを入れて弱火にかけ、香りが出たら絹さやを水けが残ったまま加えて強火で炒め、色が鮮やかになったらaを炒め合わせる。
❸ 湯をきった①、ゆで汁大さじ2、bを加え、さっと炒め合わせる。

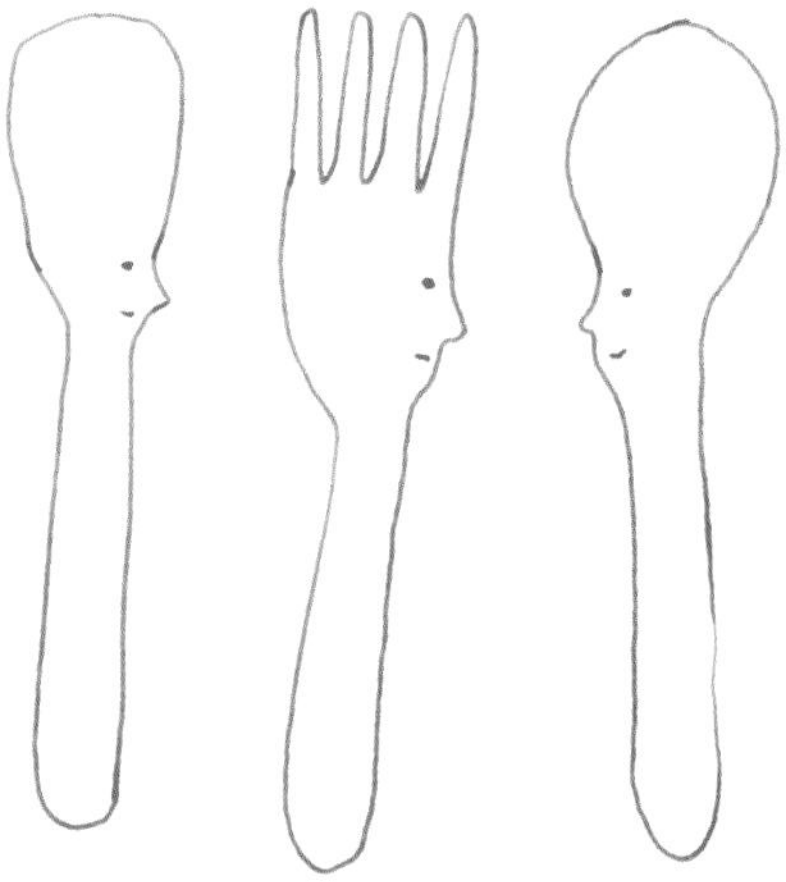

クレソン、桜えびの昆布茶味

● 材料（2人分）

スパゲッティ … 160g
クレソン（ざく切り）… 1束
桜えび … 小さじ2
しょうが（みじん切り）… 1かけ
a | 昆布茶 … 小さじ1
  | 塩、こしょう … 各少々
ごま油 … 大さじ1
トマト（7mm角に切る）… 小1個

● 作り方

❶ スパゲッティは塩（分量外）を加えた熱湯でゆでる。
❷ フライパンにごま油を熱し、桜えびとしょうがを弱火で炒め、香りが出たら湯をきった①、ゆで汁大さじ2、aを加え、強火でさっと炒め合わせる。
❸ 火を止めてクレソンを混ぜ、器に盛ってトマトをのせる。

昆布茶は、ひと味足りない時、和風のうまみがほしい時に、だし代わりに使えて便利。これと長ねぎの小口切り、レモン汁、水を混ぜた塩だれは、焼いた肉や長いもにかけると美味。

たらこレモンクリーム

● 材料（2人分）

スパゲッティ … 160g
たらこ（薄皮を除く）… ½腹（1本・40g）
生クリーム … 1½カップ
| 水 … ½カップ
| レモン汁 … 大さじ1
しょうゆ、サラダ菜（ざく切り）、
　レモンの皮（国産のもの・せん切り）… 各適量

● 作り方

❶ スパゲッティは塩（分量外）を加えた熱湯でゆでる。
❷ フライパンに分量の水を沸かし、レモン汁を加えてひと煮立ちさせ、生クリームを加えて再び煮立たせる。
❸ 湯をきった①、たらこ、しょうゆを加え、強火でさっと炒め合わせ、器に盛ってサラダ菜、レモンの皮を散らす。

レモン汁は沸騰した湯に加え、いったん煮立てておく。これを忘れると、生クリームが分離してしまうので注意。

水菜とカリカリ油揚げのみそ味

● 材料（2人分）

スパゲッティ … 160g
水菜（4cm 長さに切る）… 2株
油揚げ（横半分に切ってせん切り）… 1枚
みそ … 小さじ1強
しょうゆ … 小さじ1
オリーブ油 … 大さじ1

● 作り方

❶ スパゲッティは塩（分量外）を加えた熱湯でゆでる。
❷ フライパンに何もひかずに油揚げを入れ、弱火でカリカリになるまでからいりし、取り出す。
❸ ②のフライパンにオリーブ油を熱し、みそを弱火で少しこがすように炒め、湯をきった①、しょうゆを加えて強火で味をからめる。水菜を加えてさっと炒め合わせ、器に盛って②の油揚げをのせる。好みでバターをのせても。

油揚げは菜箸で混ぜながら、弱火でじっくりからいりする。焼き色はつけないようにして、カリカリになればOK。

焼ききのこおろし

● 材料（2人分）

スパゲッティ … 160g
まいたけ（大きめにほぐす）… ½ パック
エリンギ（長さを半分に切り、5mm 厚さに切る）… 2本
生しいたけ（5mm 厚さに切る）… 2枚
にんにく（薄切り）… 1かけ
赤唐辛子（半分に折って種をとる）… 1本
a ｜ 酒 … 大さじ ½
　｜ 塩 … ふたつまみ
　｜ 粗びき黒こしょう … 少々
b ｜ しょうゆ … 小さじ1
　｜ オリーブ油 … 小さじ2
オリーブ油 … 大さじ1
大根おろし（水けを軽く絞る）… 7〜8cm 分

● 作り方

❶ スパゲッティは塩（分量外）を加えた熱湯でゆでる。
❷ フライパンにオリーブ油、にんにくを入れて弱火にかけ、カリッときつね色になったらにんにくを取り出す。そこへ赤唐辛子ときのこを加え、強火で焼きつけるように炒め、a をふる。
❸ 湯をきった①、ゆで汁大さじ 2、b を加え、さっと炒め合わせる。器に盛り、大根おろしをのせてしょうゆ（分量外）をかけ、②のにんにくチップを手で砕いて散らす。

きのこは、木べラでぎゅっと押しつけながら強火でしっかり焼きつける。この香ばしさが、いちばんのおいしさの素に。

セロリといかのゆずこしょう味

ナンプラー炒め、アンチョビ炒めにしてもおいしいこの2素材。
セロリは薄ーく、大きく切ると、たっぷり食べられます。

● 材料（2人分）

スパゲッティ … 160g
セロリ（筋をとり、大きく斜め薄切り）
… 1/3本
するめいか（胴は1cm幅に、
足は食べやすく切る）… 1/2ぱい
にんにく（みじん切り）… 1かけ
酒、オリーブ油 … 各大さじ1
a｜ゆずこしょう … 小さじ1/2
｜塩 … ふたつまみ

● 作り方

❶ スパゲッティは塩（分量外）を加えた熱湯でゆでる。
❷ フライパンにオリーブ油、にんにくを入れて弱火にかけ、香りが出たらセロリ、いかを加え、強火でさっと炒める。
❸ いかの色が変わったら酒をふり、湯をきった①、aを加え、さっと炒め合わせる。

カリカリ豚肉と小松菜のナンプラーレモン味

豚バラ肉は、脂をふきとりながら炒めて、カリッカリに。
これにはレモンが必需品。ぎゅっと、たっぷり絞って。

● 材料（2人分）

スパゲッティ … 160g
豚バラ薄切り肉（3cm長さに切る）
… 160g
a｜酒 … 小さじ1
｜塩、こしょう … 各少々
小松菜（4cm長さに切る）… 6株
にんにく（つぶす）… 1かけ
b｜ナンプラー、しょうゆ … 各小さじ1
｜バター … 10g
オリーブ油 … 大さじ2
レモン … 1個

● 作り方

❶ スパゲッティは塩（分量外）を加えた熱湯でゆでる。
❷ フライパンにオリーブ油、にんにくを入れて弱火にかけ、香りが出たらaをまぶした豚肉を加え、中火でペーパーで脂をふきながらカリカリに炒める。小松菜を加え、さっと炒める。
❸ 湯をきった①、ゆで汁大さじ2、bを加え、強火でさっと炒め合わせる。器に盛り、レモンを絞る。

にんにくそぼろとクレソンのナッツがけ

この具、ごはんにかけて食べてもおいしいです。クレソンのほろ苦さ、ナンプラーのうまみ、ナッツの塩けとカリカリ食感が、たまりません。

●材料（2人分）

スパゲッティ … 160g
豚ひき肉 … 200g
クレソン（1cm幅に切る）… 1束
ミックスナッツ（粗く刻む）… ¼ カップ
a | しょうが、にんにく（みじん切り）… 各½かけ
　| 赤唐辛子（小口切り）… ½本
b | 酒 … 大さじ½
　| ナンプラー、しょうゆ … 各小さじ1
塩、こしょう … 各少々
オリーブ油 … 大さじ1
レモン … 適量

●作り方

❶ スパゲッティは塩（分量外）を加えた熱湯でゆでる。
❷ フライパンにオリーブ油、aを入れて弱火にかけ、香りが出たらひき肉を加えて強火で炒め、肉の色が変わったらbをからめる。
❸ 湯をきった①、ゆで汁大さじ2、塩、こしょうを加えてさっと炒め合わせ、クレソンとナッツを加えてひと混ぜする。器に盛り、レモンを添える。

おつまみでおなじみのミックスナッツは、アーモンド、くるみ、カシューナッツなどを混ぜたもの。コンソメ味の炊き込みごはんや、サラダにトッピングしてもおいしい。

キャベツといかの塩辛のペペロンチーノ

ジャパニーズ・アンチョビといえば、そう、塩辛です。油で炒めて香りを出せば、パスタにしみ込む、じーんと深いうまみ。

＊作り方は p58

あさりとごぼうの酒蒸し

ごぼうとしょうがを加えた、和風ボンゴレです。しょうゆとごま油をちらっと加え、香菜をアクセントに。

＊作り方は p58

塩辛でいかすみ風

真っ黒い色みの正体は、
のりのつくだ煮と黒ごま。
いかの塩辛と合わせたら、
これはまさにヘルシーいかすみ！

＊作り方は p59

カリカリじゃこえび

先に、しょうがとにんにくを
ごま油で炒めて、味のベースに。
じゃこと小えびのカリカリ食感、
クレソンの苦み、大人の味です。

＊作り方は p59

黒豆ゴルゴンゾーラクリーム

黒豆？ 黒豆って、あのお正月の甘く煮たお豆のこと。
クセのあるゴルゴンゾーラとの甘じょっぱい出会い、
やみつきになります。

＊作り方は p59

タコライス風

そぼろ＋チーズ＋レタスのトリオは、永久不滅の組み合わせ。
ピリリと豆板醤をきかせたら、パスタに合う、合う。

＊作り方は p60

なめこそぼろ

そぼろになめこを加えると、
ふわっ、とろっの新食感が誕生。
仕上げの七味唐辛子で、
マイルドだけでは終わらせませんぞ。

＊作り方は p60

穂先メンマとアンチョビ

この2つで味を決めれば、
もう間違いないでしょう。
さらにゆずこしょうも加えて、
和・洋・中、うまさの融合。

＊作り方は p60

れんこんナッツのきんぴら風

棒状に切った大きめれんこん、カリカリのナッツの食感が粋です。最後にラー油を少々たらしてもいけます。

＊作り方は p61

豚キムチのみそ味

おなじみの豚キムチ炒めに、みそを加えてコクたっぷりに。ちぎったレタスを混ぜて軽く仕上げる、絶妙のバランス感！

＊作り方は p61

あさりとごぼうの酒蒸し

● 材料（2人分）

スパゲッティ … 160g

a | あさり（砂抜きしたもの）… 1パック（250g）
ごぼう（ささがき）… 5cm
しょうが（粗みじん切り）… ½かけ
酒 … ½カップ

b | しょうゆ … 大さじ1
ごま油 … 少々

サラダ油 … 大さじ1

香菜《シャンツァイ》（ざく切り）… 適量

● 作り方

❶ スパゲッティは塩（分量外）を加えた熱湯でゆでる。

❷ フライパンにサラダ油を熱し、aを入れてふたをして強火で蒸し煮にし、あさりの口がすべて開いたらbをからめる。

❸ 湯をきった①を加え、さっと炒め合わせ、器に盛って香菜を散らす。

あさりにごぼう、しょうがを加え、フライパンで蒸し煮にする。ごぼうとしょうがのうまみ、香りを十分に引き出すのが、おいしく仕上げるコツ。

キャベツといかの塩辛のペペロンチーノ

● 材料（2人分）

スパゲッティ … 160g

キャベツ（大きめのひと口大に切る）… 2〜3枚

いかの塩辛 … 大さじ3

a | にんにく（粗みじん切り）… 1かけ
赤唐辛子（小口切り）… 1本

オリーブ油 … 大さじ2

しょうゆ … 適量

● 作り方

❶ スパゲッティは塩（分量外）を加えた熱湯でゆで、ゆで上がる直前にキャベツを加え、一緒にゆでる。

❷ フライパンにオリーブ油、a、いかの塩辛を入れて弱火にかけ、香りが出たら、ゆで汁お玉2杯分（約½カップ）をなじませる。

❸ 湯をきった①を加え、強火でさっと炒め合わせ、味をみてしょうゆでととのえる。

いかの塩辛は、アンチョビ代わりに使える便利な食材。油で炒めてカレーに加えたり、野菜炒めの風味出しに使ってもおいしい。

スパゲッティのゆで汁を加えたら、フライパンをゆすって全体によくなじませる。油と混ざって、少し白っぽくなればOK。

塩辛でいかすみ風

● 材料（2人分）

スパゲッティ … 160g
いかの塩辛 … 大さじ2
a | のりのつくだ煮、黒すりごま … 各大さじ2
　| えのきだけ（半分に切る）… 小½袋
オリーブ油 … 大さじ2
糸唐辛子 … 適量

● 作り方

❶ スパゲッティは塩（分量外）を加えた熱湯でゆでる。

❷ フライパンにオリーブ油、いかの塩辛を入れて弱火にかけ、香りが出たらゆで汁お玉2杯分（約½カップ）、aを加えてなじませる。

❸ 湯をきった①を加え、強火でさっと炒め合わせ、器に盛って糸唐辛子をのせる。

いかすみ風の正体は、のりのつくだ煮と黒すりごま。塩辛のうまみとからむように、フライパンの中で十分になじませて。

カリカリじゃこえび

● 材料（2人分）

スパゲッティ … 160g
ちりめんじゃこ、小えび … 各大さじ4
クレソン（5cm長さに切る）… 8本
a | しょうが、にんにく（みじん切り）… 各1かけ
しょうゆ … 大さじ2
ごま油 … 大さじ4
白いりごま … 適量

● 作り方

❶ スパゲッティは塩（分量外）を加えた熱湯でゆでる。

❷ フライパンにごま油、aを入れて弱火にかけ、香りが出たらじゃこと小えびを加え、カリカリになるまでじっくり炒める。

❸ 湯をきった①、クレソン、しょうゆを加え、強火でさっと炒め合わせる。器に盛り、白ごまを手でつぶしながらかける。

ちりめんじゃこと小えびは、木ベラで混ぜながら弱火でじっくり炒める。じゃこが薄く色づき、えびとともにカリッとしたら、香ばしくなった証拠。

黒豆ゴルゴンゾーラクリーム

● 材料（2人分）

ペンネ … 160g
市販の黒豆の甘煮 … 80g
ゴルゴンゾーラチーズ … 40g
パプリカ（赤・細切り）… ½個
にんにく（みじん切り）… 1かけ
牛乳 … 1カップ
しょうゆ … 小さじ2
オリーブ油 … 大さじ2
長ねぎ（せん切り）… 適量

● 作り方

❶ ペンネは塩（分量外）を加えた熱湯でゆでる。

❷ フライパンにオリーブ油、にんにくを入れて弱火にかけ、香りが出たら黒豆とパプリカを加え、中火でさっと炒める。牛乳を注ぎ、フツフツするまで温める。

❸ 湯をきった①、ゴルゴンゾーラチーズをちぎって加え、チーズが溶けるまで炒め合わせ、しょうゆで味をととのえる。器に盛り、長ねぎをのせる。

ゴルゴンゾーラチーズは、イタリア生まれの世界三大ブルーチーズのひとつ。青かび特有の香り、うまみ、塩けがある。これと黒豆の甘煮で作ったディップは、バゲットにつけて食べると美味。

タコライス風

● 材料（2人分）

スパゲッティ … 160g
豚ひき肉 … 200g
プチトマト（半分に切る）… 6個
長ねぎ（みじん切り）… ⅓本
しょうが（みじん切り）… 1かけ
a｜みそ、めんつゆ（ストレート）… 各大さじ2
　｜豆板醤 … 少々
ごま油 … 大さじ2
レタス（大きめにちぎる）、パルメザンチーズ
　… 各適量

● 作り方

❶ スパゲッティは塩（分量外）を加えた熱湯でゆでる。
❷ フライパンにごま油を熱し、しょうがを弱火で炒め、香りが出たらひき肉、長ねぎを加えて中火で炒める。肉がパラパラになったらa、ゆで汁大さじ1をからめ、プチトマトも加えてさっと炒める。
❸ 湯をきった①を加え、強火でさっと炒め合わせ、レタスを敷いた器に盛り、パルメザンチーズをふる。

なめこそぼろ

● 材料（2人分）

スパゲッティ … 160g
豚ひき肉 … 200g
なめこ（さっと洗う）… 1袋
玉ねぎ（みじん切り）… ½個
a｜しょうが、にんにく（みじん切り）… 各1かけ
めんつゆ（ストレート）… 大さじ4
オリーブ油 … 大さじ2
七味唐辛子 … 少々

● 作り方

❶ スパゲッティは塩（分量外）を加えた熱湯でゆでる。
❷ フライパンにオリーブ油、aを入れて弱火にかけ、香りが出たらひき肉、玉ねぎを加えて中火で炒め、肉がパラパラになったらめんつゆ、ゆで汁大さじ3、なめこを炒め合わせる。
❸ 湯をきった①を加え、強火でさっと炒め合わせ、器に盛って七味唐辛子をふる。

なめこはぬめりを軽くとるため、ざるに入れてさっと洗う。ぬめりもうまみのうちなので、洗いすぎないで。

穂先メンマとアンチョビ

● 材料（2人分）

スパゲッティ … 160g
味つき穂先メンマ（びん詰）… 約⅔びん（80g）
ブロッコリー（縦半分に切る）… 8房
アンチョビ（フィレ・たたく）… 6枚
にんにく … 1かけ
a｜酒 … 大さじ2
　｜みりん … 大さじ1
　｜ゆずこしょう … 小さじ⅓
オリーブ油 … 大さじ2

● 作り方

❶ スパゲッティは塩（分量外）を加えた熱湯でゆでる。途中でブロッコリーも加えて2分ゆで、取り出す。
❷ フライパンにオリーブ油、にんにくを入れて弱火にかけ、香りが出たらアンチョビ、ブロッコリー、穂先メンマを加えて中火で炒め、油が回ったらaをからめる。
❸ 湯をきった①を加え、強火でさっと炒め合わせる。

穂先メンマは、麻竹（まちく）の穂先部分だけを使った味つきメンマ。ピリッとした辛みがあり、調味料代わりに使え、えびやブロッコリーと炒めてもおいしい。

豚キムチのみそ味

● 材料（2人分）

ペンネ … 160g
豚バラ薄切り肉（5cm 長さに切る）… 140g
白菜キムチ … 約 ¾ カップ（140g）
レタス（大きめにちぎる）… 2枚
にんにく（みじん切り）… 1かけ
a｜みそ、めんつゆ（ストレート）、酒 … 各大さじ 2
ごま油 … 大さじ 2

● 作り方

❶ ペンネは塩（分量外）を加えた熱湯でゆでる。
❷ フライパンにごま油、にんにくを入れて弱火にかけ、香りが出たら豚肉を加えて中火で炒め、肉に火が通ったらキムチを炒め合わせる。
❸ 混ぜた a、ゆで汁大さじ 2 をからめ、湯をきった①、レタスを加え、強火でさっと炒め合わせる。

レタスは最後に加えて、強火でシャキッと仕上げる。トングなどで全体を混ぜたら、しんなりしないうちに火を止めて。

れんこんナッツのきんぴら風

● 材料（2人分）

スパゲッティ … 160g
れんこん（5cm 長さ、1cm 角の棒状に切る）… 10cm
パプリカ（黄・細切り）… ½ 個
ミックスナッツ … 1カップ
しょうが（みじん切り）… 1かけ
a｜酒、みりん、しょうゆ … 各大さじ 1
ごま油 … 大さじ 2

● 作り方

❶ スパゲッティは塩（分量外）を加えた熱湯でゆでる。
❷ フライパンにごま油を熱し、しょうがを弱火で炒め、香りが出たらナッツを加えて中火で炒める。油が回ったられんこん、パプリカの順に炒め合わせ、れんこんに火が通ったら a で味つけする。
❸ 湯をきった①を加え、強火でさっと炒め合わせる。

カリッと香ばしくさせるため、まずナッツから炒める。中火で1分くらい炒めたら、れんこん、パプリカの順に加える。

カレーナポリタン

カレー粉をピリッとしっかりきかせた、オトナなナポリタンです。
ケチャップを加えたら、シュワシュワするまで煮詰めること。
これで味が濃縮されて、一気にお店の味に仕上がるんです。

●材料（2人分）

スパゲッティ … 160g
ロースハム（半分に切って細切り）
　… 2枚
ピーマン（細切り）… 1個
玉ねぎ（薄切り）… ¼個
にんにく（みじん切り）… ½かけ
カレー粉 … 小さじ2
ケチャップ … 大さじ2½
a ｜ウスターソース … 小さじ1
　｜塩、こしょう … 各少々
バター … 10g
青のり … 適量

●作り方

❶ スパゲッティは塩（分量外）を加えた熱湯でゆでる。
❷ フライパンにバターを溶かし、にんにくを弱火で香りが出るまで炒め、ハム、ピーマン、玉ねぎを加えて中火で炒める。玉ねぎがしんなりしたら、カレー粉を加えて粉っぽさがなくなるまで炒め、ケチャップを加えて色が少し濃くなるまでしっかりめに煮詰める。
❸ 湯をきった①、aを加え、強火でさっと炒め合わせ、器に盛って青のりをふる。

ケチャップを全体にからめたら、中火のままシュワシュワッとするまでしっかりめに煮詰める。こうすると、うまみが凝縮されて、ぐんとおいしく仕上がる。

セロリと桜えびのビーフン風

汁ビーフンをイメージして考案した、ニュー・スパゲッティ。干しえびの代わりに桜えびを使って、少しだけ和風っぽく。セロリがなければ、長ねぎやかいわれでもＯＫです。

●材料（2人分）

スパゲッティ … 160g
セロリ（筋をとって薄切り、
　葉はざく切り）… ½本
しょうが（せん切り）… ½かけ
桜えび … 大さじ2
a｜鶏ガラスープの素 … 小さじ½
　｜塩 … ふたつまみ
　｜こしょう … 少々
酢 … 小さじ1〜2
ごま油 … 小さじ2
ピーナッツ（粗く刻む）… 大さじ2
練りがらし … 適量

●作り方

❶ スパゲッティは塩（分量外）を加えた熱湯でゆでる。
❷ フライパンにごま油を熱し、セロリ、しょうが、桜えびを中火で炒め、全体に油が回ったらゆで汁½カップ、a、湯をきった①を加え、強火でさっと炒め合わせる。
❸ 酢、セロリの葉を加えてひと混ぜし、器に盛ってピーナッツを散らし、練りがらしを添える。

酢は長く加熱すると酸味がとんでしまうので、最後に加える。この酸っぱさが、味の引きしめ役に。

column ③

野菜のちいさなおかず

ひよこ豆のにんにくバター炒め

●材料（2人分）

ひよこ豆（水煮缶・さっと熱湯をかける）
　… 1カップ

にんにく（みじん切り）… ½かけ

a | しょうゆ … 小さじ1
　| 塩、こしょう … 各少々

バター … 10g

●作り方

① フライパンにバターを溶かし、にんにくを弱火で香りが出るまで炒め、ひよこ豆を加えて中火でさっと炒め、aで味つけする。

キャベツのガドガド風

●材料（2人分）

キャベツ（2等分のくし形切り）… ¼個

a | 酒 … 小さじ2
　| 塩 … ふたつまみ

b | 市販のごまだれ … 大さじ3
　| 酢、ごま油 … 各小さじ1
　| 豆板醤 … 小さじ⅓

バターピーナッツ（粗く刻む）… 小さじ2

●作り方

① 耐熱ボウルにキャベツを入れ、aをふり、ラップをかけて電子レンジ（600W）で1分30秒加熱する。器に盛って混ぜたbをかけ、ピーナッツを散らす。

しいたけのレモンバター焼き

●材料（2人分）

生しいたけ（軸をとる）… 4枚

a | バター（やわらかく練る）… 30g
　| パセリ（みじん切り）… 小さじ2
　| レモン汁 … 小さじ1
　| レモンの皮（みじん切り）、こしょう … 各少々

●作り方

① aをよく混ぜ、しいたけのかさの裏側にのせ、この面を上にしてオーブントースター（または魚焼きグリル）でこんがり焼く。好みで塩をふっても。

小松菜とささみのゆずこしょうあえ

●材料（2人分）

小松菜（根元に十字の切り込みを入れる）… ½束

鶏ささみ（筋なし・aをふる）… 2本（120g）

a | 酒 … 小さじ2
　| 塩、こしょう … 各少々

b | だし汁（または水）… 大さじ2
　| 酢 … 大さじ1½
　| しょうゆ、砂糖 … 各大さじ½
　| ゆずこしょう … 小さじ½

●作り方

① 小松菜はラップで包み、ささみは耐熱皿にのせてラップをかけ、ともに電子レンジで3分加熱する。途中2分で小松菜を取り出し、水にさらして3cm長さに切り、ささみは2分蒸らして手でさく。

② ボウルにbを合わせ、①を加えてあえる。

4

作りおきソースで さっとパスタ

時間があいた時に、ソースを作っておけば、
あとはあえるだけ、さっとフライパンでからめるだけで、
極上パスタのでき上がり！
もちろん、ソースはどれも、手間がかからないものばかり。
夕食に、お友達とのランチに、ひとりごはんに…
きっと、イロイロ役立ちます。

青じそのジェノベーゼ

青じそに、クセの少ない水菜を加えて、ボリュームアップ。これ、バゲットに塗って食べてもおいしいです。

● 材料（150ml分）

青じそ（ちぎる）… 30～40枚
水菜（5cm長さに切る）… 2株
オリーブ油 … 120ml
パルメザンチーズ、松の実
… 各大さじ2
みそ、酢 … 各大さじ1

● 作り方

❶ 材料をすべてフードプロセッサーまたはミキサーにかけ、なめらかなペースト状にする（もしくは、青じそと水菜を細かく刻んでから、すり鉢でする）。

日持ち … 冷蔵室で3日

水菜、ミックスビーンズ、生ハム

豆はオリーブ油でさっと炒め、コクと風味をつけます。すだちのやさしい酸味が合うので、たっぷり絞って。

● 材料（2人分）

スパゲッティ … 160g
水菜（5cm長さに切る）… 2株
ミックスビーンズ（ドライパック）… 大さじ2
生ハム（ひと口大にちぎる）… 2枚
すだち（1½個を絞り、残りはいちょう切り）… 2個
「青じそのジェノベーゼ」… 大さじ3～4
オリーブ油 … 大さじ½

● 作り方

❶ スパゲッティは塩（分量外）を加えた熱湯でゆでる。
❷ フライパンにオリーブ油を熱し、ミックスビーンズを中火で油が回るまで炒め、ジェノベーゼ、湯をきった①を炒め合わせる。火を止めて水菜を混ぜ、すだちを絞り、器に盛って生ハム、すだちのいちょう切りをのせる。

鶏肉のカリッとソテーのせ

香ばしく焼いたチキンソテーをのせて、
ごちそうパスタに。
この万能ソース、
ポークソテーにかけても合います。

● 材料（2人分）

スパゲッティ … 160g
鶏もも肉（薄いそぎ切り）… 1枚
プチトマト（4等分に切る）… 2個
「青じそのジェノベーゼ 」… 大さじ3～4
塩、こしょう、オリーブ油 … 各少々

● 作り方

❶ スパゲッティは塩（分量外）を加えた熱湯でゆでる。
❷ 鶏肉は塩、こしょうをふって5分おき、オリーブ油を熱したフライパンの強火で両面をカリッと焼く。
❸ ボウルにジェノベーゼ、湯をきった①を入れてあえ、器に盛って②の鶏肉、プチトマトをのせる。

むきえび、のりつくだ煮

青じそのさわやかな香りと、
磯の風味が広がるパスタ。
のりのつくだ煮が、
いい味出してます。

● 材料（2人分）

スパゲッティ … 160g
むきえび（背ワタをとる）… 6～8尾
a｜「青じそのジェノベーゼ」… 大さじ2～3
　｜のりのつくだ煮 … 大さじ1
ちりめんじゃこ、白いりごま … 各適量

● 作り方

❶ スパゲッティは塩（分量外）を加えた熱湯でゆで、ゆで上がる3分前にむきえびを加え、一緒にゆでる。
❷ ボウルにaを入れてよく混ぜ、湯をきった①を加えてあえ、器に盛ってじゃこ、白ごまをふる。

みそクリーム

みそのまろやかさをプラスした、和風クリームソース。
セロリとみょうがを加えて、食感と香りを楽しんで。

● 材料（200ml分）

a｜牛乳 … ¾ カップ
　｜みそ … 大さじ ½
にんじん（粗みじん切り）… 3cm
セロリ（粗みじん切り）… 3cm
にんにく（粗みじん切り）… 1かけ
みょうが（粗みじん切り）… 1個
白ワイン、生クリーム … 各大さじ2
オリーブ油 … 大さじ1

● 作り方

❶ フライパンにオリーブ油、にんにくを入れて弱火にかけ、香りが出たらにんじん、セロリを加えて中火で炒め、油が回ったら白ワインを注いでひと煮立ちさせる。
❷ aを加えて弱火でみそを溶かし、生クリーム、みょうがを加え、フツフツしたらでき上がり。

日持ち … 冷蔵室で3日

キムチとオクラののっけ

発酵食品どうしのみそとキムチは、相性ぴったり。
生のオクラのコリッとした食感、のりの風味もきいています。

● 材料（2人分）

スパゲッティ … 160g
a｜白菜キムチ（粗く刻む）… 大さじ2
　｜オクラ（小口切り）… 4本
「みそクリーム」… 120ml
牛乳、刻みのり … 各適量

● 作り方

❶ スパゲッティは塩（分量外）を加えた熱湯でゆでる。
❷ フライパンにみそクリームを入れて弱火でフツフツするまで温め、味をみて牛乳でのばし、火を止めて湯をきった①を加えてあえる。器に盛り、混ぜたa、のりをのせる。

みそクリームは加熱すると少し煮詰まるので、味をみて牛乳を足し、濃度と塩けを調節する。大さじ1くらいが目安。

いろいろきのこ

クリーム系ソースに、きのこ。
これはもう、定番だと断言！
きのこは2～3種類使うと、
深みのある味になります。

● 材料（2人分）

スパゲッティ … 160g
えのきだけ（半分に切る）… 小¼袋
生しいたけ（5mm厚さに切る）… 1枚
生マッシュルーム（5mm厚さに切る）… 2個
「みそクリーム」… 120ml
牛乳 … 適量

● 作り方

❶ スパゲッティは塩（分量外）を加えた熱湯でゆで、ゆで上がる1分前にきのこを加え、一緒にゆでる。
❷ フライパンにみそクリームを入れて弱火でフツフツするまで温め、味をみて牛乳でのばし、火を止めて湯をきった①を加えてあえる。

みそミートソース

ひき肉と玉ねぎを加えれば、
クリーム味のミートソースに。
味つけ一発で、
手軽に作れるのがうれしい。

● 材料（2人分）

ペンネ … 160g
a | 豚ひき肉 … 100g
　| 玉ねぎ（みじん切り）… ½個
　| 塩、こしょう … 各少々
「みそクリーム」… ¾カップ
オリーブ油 … 大さじ1
牛乳、みつば（ざく切り）、粗びき黒こしょう … 各適量

● 作り方

❶ ペンネは塩（分量外）を加えた熱湯でゆでる。
❷ フライパンにオリーブ油を熱し、aを入れて中火で炒め、肉がパラパラになったらみそクリームをからめる。味をみて牛乳でのばし、火を止めて湯をきった①を加えてあえ、器に盛ってみつばをのせ、黒こしょうをふる。

ごまトマトソース

市販のごまだれに、すりおろしたトマトを合わせるだけ。夏は凍らせたトマトでシャーベット状にし、そうめんに。

● 材料（350ml分）

トマト … 2個

a
- 市販のごまだれ … 大さじ4
- にんにく（すりおろす）… 1かけ
- しょうゆ … 小さじ1
- 粗びき黒こしょう … 少々

オリーブ油 … 大さじ2

● 作り方

❶ トマトは皮を湯むきし、ボウルにすりおろし、a、オリーブ油の順に加えて泡立て器でよく混ぜる。

日持ち … 冷蔵室で3日

冷しゃぶ風

ベースはごまだれだから、冷しゃぶと相性抜群なのも納得！パスタと一緒に肉もゆでてしまえば、鍋ひとつで作れてラクラク。

● 材料（2人分）

スパゲッティ … 160g
豚ロースしゃぶしゃぶ用肉 … 120g
水菜（5cm 長さに切る）… 2株
「ごまトマトソース」… 1カップ
白いりごま … 適量

● 作り方

❶ スパゲッティは塩（分量外）を加えた熱湯でゆで、ゆで上がる2分前に豚肉を加え、一緒にゆでる。
❷ ボウルにごまトマトソース、湯をきった①、水菜を入れてあえ、器に盛って白ごまをふる。

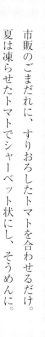

鮭フレークのクリームソース

鮭のピンクと合わさって、ドリーミーな乙女色に。フレッシュバジルを散らせば、あと味さわやかです。

● 材料（2人分）

スパゲッティ … 160g
a 鮭フレーク … 大さじ4
「ごまトマトソース」… 1カップ
生クリーム … ½ カップ
バジルの葉（ちぎる）… 6枚

● 作り方

❶ スパゲッティは塩（分量外）を加えた熱湯でゆでる。
❷ フライパンにａを入れて中火でフツフツするまで温め、火を止めて湯をきった①を加えてあえ、器に盛ってバジルを散らす。

高野豆腐とカリフラワー

パスタ、高野豆腐、カリフラワー。この3つが出会うなんて！高野豆腐をかんだ時のジュワッという食感も楽しい。

● 材料（2人分）

スパゲッティ … 160g
高野豆腐（ぬるま湯につけて戻し、2cm 角に切る）… 2個
カリフラワー（縦半分に切る）… 8房
「ごまトマトソース」… 1カップ
ごま油 … 大さじ2
粗びき黒こしょう … 少々

● 作り方

❶ ボウルにごまトマトソース、高野豆腐を入れて混ぜ、味を含ませておく。
❷ スパゲッティは塩（分量外）を加えた熱湯でゆで、ゆで上がる2分前にカリフラワーを加え、一緒にゆでる。
❸ フライパンにごま油、①、ゆで汁お玉2杯分（約 ½ カップ）を入れて混ぜながら3〜4分煮詰め、湯をきった②を加えてあえ、器に盛って黒こしょうをふる。

パスタをゆでる前に、まずごまトマトソースに高野豆腐をからめる。先に味をしっかり含ませておくのが大切。

豆腐のバーニャカウダ

イタリアンでおなじみの、アンチョビ+にんにくのソース。
野菜スティックはもちろん、バゲットにつけても美味です。

● 材料（250mℓ分）

木綿豆腐（軽く水きりし、裏ごしする）
　… 200g（⅔丁）
にんにく（みじん切り）… 4かけ
アンチョビ（フィレ・たたく）… 4枚
塩 … ひとつまみ
粗びき黒こしょう … 少々
オリーブ油 … ½カップ

● 作り方

❶ フライパンにオリーブ油、にんにくを入れて弱火にかけ、香りが出たらアンチョビ、豆腐を加えて中火で炒め、塩、黒こしょうで味をととのえる。

日持ち … 冷蔵室で3日

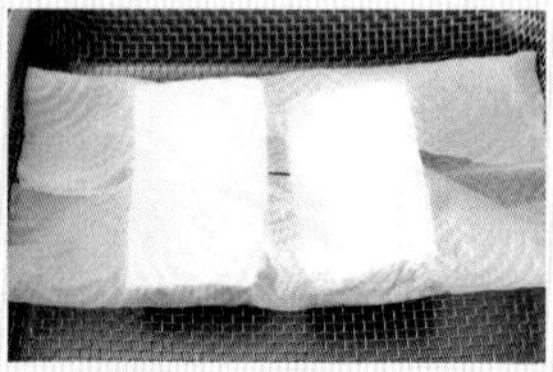

豆腐の水きりは、厚みを半分にしてキッチンペーパーで包み、断面を下にしてざるにのせて20分おく。

せん切りにんじん、セロリ、ズッキーニ

バーニャカウダといえば、
やっぱり野菜が食べたいですね。
たっぷりのせん切り野菜と合わせた、
サラダ風のひと皿。

● 材料（2人分）

スパゲッティ … 160g
にんじん（せん切り）… ⅓本
セロリ（せん切り）… ⅓本
ズッキーニ（せん切り）… ⅓本
「豆腐のバーニャカウダ」… ½カップ

● 作り方

❶ スパゲッティは塩（分量外）を加えた熱湯でゆでる。
❷ フライパンにバーニャカウダを入れて中火でフツフツするまで温め、火を止めて野菜、湯をきった①を加えてあえる。

しめじ、ウインナ、パルメザンチーズ

ウインナを入れることで、食べごたえが、ぐーんとアップ。パルメザンチーズをたっぷりかけると、いっそう美味です。

● 材料（2人分）

ペンネ … 160g
しめじ（食べやすくほぐす）… 小1パック
ウインナ … 6本
プチトマト（半分に切る）… 6個
「豆腐のバーニャカウダ」… 大さじ4
パルメザンチーズ … 適量

● 作り方

❶ ペンネは塩（分量外）を加えた熱湯でゆで、ゆで上がる2分前にしめじを加え、一緒にゆでる。途中でウインナも加えて1分ゆで、取り出して斜め薄切りにする。
❷ ボウルにバーニャカウダ、プチトマト、ウインナ、湯をきった①を入れてあえ、器に盛ってパルメザンチーズをふる。

あさりの酒蒸し

シンプルな酒蒸しにこのソースを加えたら、おおーっと、驚き！和イタリアンな新顔パスタの誕生です。

● 材料（2人分）

スパゲッティ … 160g
あさり（砂抜きしたもの）… 1パック（250g）
酒 … ½カップ
「豆腐のバーニャカウダ」… 大さじ4
万能ねぎ（小口切り）… 適量

● 作り方

❶ スパゲッティは塩（分量外）を加えた熱湯でゆでる。
❷ フライパンにあさり、酒、ゆで汁1カップを入れ、ふたをして強火で蒸し煮にする。あさりの口がすべて開いたら、バーニャカウダ、湯をきった①を加えてさっと炒め合わせ、器に盛って万能ねぎを散らす。

パスタと合わせておいしい ちびスープ

えのきと桜えびのスープ

・材料（2人分）

A｜えのきだけ（長さを3等分に切る）
　… 小$\frac{1}{2}$袋
　桜えび … 大さじ2
B｜オイスターソース … 大さじ$\frac{1}{2}$
　酒 … 大さじ1　塩 … 小さじ$\frac{1}{2}$
　水 … 2カップ
ごま油 … 大さじ$\frac{1}{2}$
万能ねぎ（小口切り）、
　粗びき黒こしょう … 各適量

1 鍋にごま油を熱し、Aを強火でさっと炒め、Bを加えて弱めの中火で5分煮、器に盛って万能ねぎ、黒こしょうをかける。

もやしとわかめのスープ

・材料（2人分）

A｜もやし … $\frac{1}{2}$袋
　ツナ缶（汁けをきる）
　… 小$\frac{1}{2}$缶（35g）
B｜わかめ（乾燥）… 大さじ2
　しょうゆ … 大さじ$\frac{1}{2}$
　水 … 2カップ　塩 … 少々
　しょうが（すりおろす）… $\frac{1}{2}$かけ
ごま油 … 大さじ$\frac{1}{2}$

1 鍋にごま油を熱し、Aを強火でさっと炒め、Bを加えて弱めの中火で5分煮る。

じゃこと青のりの豆乳スープ

・材料（2人分）

A｜ちりめんじゃこ … 大さじ2$\frac{1}{2}$
　酒 … 大さじ$\frac{1}{2}$
　塩、しょうゆ … 各小さじ$\frac{1}{4}$
　水 … 1$\frac{1}{2}$カップ
B｜青のり … 小さじ1
　豆乳（成分無調整のもの）
　… $\frac{1}{2}$カップ
ごま油 … 少々

1 鍋にAを入れて煮立たせ、弱めの中火で5分煮、Bを加えてフツフツしたら火を止め、器に盛ってごま油をたらす。

かき玉キムチスープ

・材料（2人分）

A｜白菜キムチ … $\frac{1}{2}$カップ（100g）
　水 … 2カップ
小松菜（4cm長さに切る）… 1株
卵 … 1個
B｜みそ … 大さじ1　砂糖 … 小さじ$\frac{1}{2}$
　しょうゆ … 少々

1 鍋にAを入れて煮立たせ、Bを加えて弱めの中火で5分煮、小松菜を加えてさっと煮、溶いた卵を回し入れる。

5. すぐできパスタ

ゆでた麺に、切った材料をさっと混ぜるだけ！
そんなスピード感ナンバーワンのパスタが大集合。
ツナ缶、しらす、塩昆布などのうまみ素材と、
香りのある野菜、シャキッとした生野菜を
組み合わせるのが、おいしく作るコツです。

素《す》パスタ

麺そのもののおいしさを楽しむパスタ。
しょうゆ、ごま油、ラー油をからめたら、
万能ねぎをパラリ、で完成です。

・材料（2人分）

A | しょうゆ … 小さじ4
　ごま油 … 小さじ2
　ラー油 … 少々
万能ねぎ（小口切り）… 4本
スパゲッティ（塩適量を加えた熱湯でゆで、湯をきる）… 200g

1. ボウルにAを入れて混ぜ、スパゲッティ、万能ねぎを加えてあえる。

塩昆布バター、青じそ

塩昆布のうまみを最大限に生かして、バターとシンプルにあえるだけ。少しのしょうゆで香りづけします。

・材料（2人分）

A
- 塩昆布 … 大さじ3
- しょうゆ … 小さじ½
- バター … 20g

青じそ（せん切り）… 4枚
白いりごま … 小さじ1
スパゲッティ（塩適量を加えた熱湯でゆで、湯をきる）… 200g

1. ボウルにA、スパゲッティを入れてあえ、器に盛って白ごま、青じそをのせる。

さきいかバター、おかか

刻んださきいかがパスタにからんで、びっくりするほどの味わい深さ！おかかとみつばで、さらに風味よく。

・材料（2人分）

A
- さきいか（3cm長さに切る）… ふたつかみ（40g）
- バター … 10g
- しょうゆ … 小さじ1

削り節 … 1パック（4g）
みつば（3cm長さに切る）… 3本
スパゲッティ（塩適量を加えた熱湯でゆで、湯をきる）… 200g

1. ボウルにA、スパゲッティを入れてあえ、器に盛ってみつば、削り節をのせる。

しらす、青じそ、粉チーズ

しらすとオリーブ油であえた、
あっさり味のパスタです。
ちぎった青じそで香りを、
粉チーズでコクを加えるのがミソ。

・材料（2人分）

しらす … 大さじ4
青じそ（ちぎる）… 4枚
A｜粉チーズ … 大さじ3
　｜オリーブ油 … 小さじ4
スパゲッティ（塩適量を加えた熱湯でゆで、湯をきる）… 200g

1. ボウルにA、スパゲッティを入れてあえ、器に盛ってしらす、青じそをのせる。

のりつくだ煮としょうが

甘めののりつくだ煮を
しょうゆ少々で引きしめます。
しょうがはせん切りにして、
シャキシャキの食感も楽しんで。

・材料（2人分）

A｜のりのつくだ煮 … 大さじ3
　｜しょうゆ、オリーブ油 … 各小さじ2
　｜しょうが（せん切り）… 1かけ
スパゲッティ（塩適量を加えた熱湯でゆで、湯をきる）… 200g
万能ねぎ（小口切り）… 適量

1. ボウルにAを入れて混ぜ、スパゲッティを加えてあえ、器に盛って万能ねぎをのせる。

ごはんの友・のりのつくだ煮は、野菜とだって好相性。豆板醤（トウバンジャン）やコチュジャンを混ぜ、きゅうりや薄切り玉ねぎとあえても美味。

ツナしょうが、白すりごま

和食で定番の組み合わせ、
魚+めんつゆ+しょうが。
シャキッとした食感の水菜は、
麺と混ぜて仕上げてもおいしい。

・材料（2人分）

A｜ツナ缶（汁けをきる）… 小1缶（70g）
｜めんつゆ（ストレート）… 大さじ2
｜オリーブ油、しょうが（すりおろす）… 各小さじ2
白すりごま … 小さじ2
水菜（5cm長さに切る）… 1株
スパゲッティ（塩適量を加えた熱湯でゆで、湯をきる）… 200g

1. ボウルにAを入れて混ぜ、スパゲッティを加えてあえ、水菜を敷いた器に盛り、すりごまをふる。

ツナマヨポン酢、ゆかり

王道のツナマヨネーズ味に、
ポン酢と牛乳で変化球を。
ゆかりの酸味をプラスすれば、
もりもり食欲がわいてきます。

・材料（2人分）

A｜ツナ缶（汁けをきる）… 小1缶（70g）
｜マヨネーズ … 大さじ2　ポン酢じょうゆ、牛乳 … 各大さじ1
ゆかり … 大さじ$\frac{1}{2}$
スパゲッティ（塩適量を加えた熱湯でゆで、湯をきる）… 200g
グリーンリーフやレタス（ちぎる）… 適量

1. ボウルにAを入れて混ぜ、スパゲッティを加えてあえ、グリーンリーフを敷いた器に盛り、ゆかりをふる。

ツナと万能ねぎ、梅干し

梅干しの酸味が絶妙なアクセントに。香味野菜は万能ねぎのほか、青じそやみつば、みょうがで作っても。

・材料（2人分）

A
- ツナ缶（汁けをきる）…小1缶（70g）
- 万能ねぎ（小口切り）…4本
- めんつゆ（ストレート）…大さじ2
- オリーブ油…小さじ2

梅干し（たたく）…1個
スパゲッティ（塩適量を加えた熱湯でゆで、湯をきる）…200g

1. ボウルにAを入れて混ぜ、スパゲッティを加えてあえ、器に盛って梅干しをのせる。

卵黄、粉チーズ、おかか

ボウルの中で混ぜてでき上がり！のお手軽和風カルボナーラです。削り節がいい味を出してくれますよ。

・材料（2人分）

A
- 卵黄…2個分
- 粉チーズ、オリーブ油…各大さじ2
- しょうゆ…小さじ2

削り節…1パック（4g）
スパゲッティ（塩適量を加えた熱湯でゆで、湯をきる）…200g
パセリ（みじん切り）…適量

1. ボウルにAを入れて混ぜ、スパゲッティを加えてあえ、器に盛って削り節、パセリをのせる。

青のりと生ハム

磯の香りが詰まった青のりで、見た目はちょっとジェノベーゼ風。生ハムの塩けが、またいい感じです。

・材料（2人分）

A｜青のり … 大さじ4
　｜めんつゆ（ストレート）、オリーブ油 … 各大さじ2
生ハム（ちぎる）… 4枚
スパゲッティ（塩適量を加えた熱湯でゆで、湯をきる）… 200g
粗びき黒こしょう … 少々

① ボウルにAを入れて混ぜ、スパゲッティを加えてあえ、器に盛って生ハムをのせ、黒こしょうをふる。

生ハム、しば漬け、揚げ玉

しば漬けは細かく刻むことで、麺にからみやすいように。揚げ玉はカリカリ感を楽しみたいから、仕上げにパラリと散らしましょう。

・材料（2人分）

A｜生ハム（ちぎる）… 8枚
　｜しば漬け（粗みじん切り）… 大さじ2
　｜オリーブ油 … 小さじ2　しょうゆ … 小さじ1
揚げ玉 … 大さじ3
スパゲッティ（塩適量を加えた熱湯でゆで、湯をきる）… 200g

① ボウルにAを入れて混ぜ、スパゲッティを加えてあえ、器に盛って揚げ玉をのせる。

6. 皿あえパスタ

お皿にアツアツの麺と具、
調味料を入れたら、
自分でぐるぐる混ぜて、ハイ、でき上がり。
そんな楽しさが詰まったスパゲッティです。
具は小さめに切って、麺にからみやすく。
最後までおいしく食べるためには、
途中で混ぜて、味と具をさらにからめて！

1、のりつくだ煮バターしらす

バターは電子レンジで溶かし、ゆで汁も加えて、麺にからみやすいように。かいわれのシャキシャキがアクセントです。

→ 作り方はp86へ

→ 作り方はp86へ

2、じゃこ万能ねぎのにんにくバター

万能ねぎとにんにく、調味料を混ぜたら、少しおくと、味がなじんでさらにおいしい。じゃこはあとから加え、カリカリ感を楽しんで。

3、しらす、レモン、卵黄、

ちらっときかせた、にんにくがアクセント。かいわれや水菜などの食感が楽しめる、生野菜を加えて作っても美味です。

→ 作り方はp86へ

→ 作り方はp86へ

4、明太ーとろろ、オクラ

とろろと明太子を混ぜて、パスタソース風に。めんつゆと水を少し加えて、麺とのからみをよくするのがポイント。

5、たらこしょうが青じそ

しょうがとごま油であえましたが、ゆずこしょうやオリーブ油でも美味。夏場は冷たくしてもいけますよ。

→作り方はp87へ

→作り方はp87へ

6、ツナマヨケチャップアボカド

マヨ+ケチャップで、スパサラダ風。アボカドのクリーミーさが決めてです。もちろん、スパゲッティで作っても。

7、たらこバター、野沢菜、卵黄

定番のたらこスパゲッティに、野沢菜で歯ごたえをプラスしました。しば漬け、高菜、たくあんでもおいしい。

→ 作り方はp87へ

→ 作り方はp87へ

8、ツナおろしと韓国のり

熱したごま油を仕上げに回しかけると、香ばしさがぐぐーんとアップ。のりは、焼きのりでもOKです。

1. のりつくだ煮バター、しらす

・材料（2人分）

A | のりのつくだ煮、スパゲッティのゆで汁 … 各大さじ2
 | おろしわさび … 小さじ1/2
 | バター（電子レンジで溶かす）… 20g

しらす … 大さじ6
かいわれ（長さを3等分に切る）… 1/2パック
スパゲッティ（塩適量を加えた熱湯でゆで、湯をきる）… 200g

① 器にAを入れて混ぜ、スパゲッティ、しらす、かいわれを加えてあえる。

バターは、電子レンジで溶かしてから加えるのがコツ。こうすると、麺全体に味がよくからむようになる。皿の中で、その他の調味料と混ぜればOK。

ポイント

2. じゃこ、万能ねぎのにんにくバター

・材料（2人分）

ちりめんじゃこ … 大さじ6

A | 万能ねぎ（小口切り）… 1/2束
 | にんにく（すりおろす）… 1/2かけ
 | しょうゆ、ごま油 … 各大さじ1
 | 塩 … 小さじ1/4

バター … 20g
スパゲッティ（塩適量を加えた熱湯でゆで、湯をきる）… 200g
白いりごま … 適量

① 器にバター、スパゲッティ、混ぜたA、じゃこの順に入れてあえ、白ごまをふる。

3. しらす、レモン、卵黄

・材料（2人分）

A | しらす … 大さじ6
 | オリーブ油 … 大さじ3
 | レモン汁 … 小さじ1
 | 塩 … 小さじ1/4
 | にんにく（すりおろす）… 1/4かけ

卵黄 … 2個分
スパゲッティ（塩適量を加えた熱湯でゆで、湯をきる）… 200g
刻みのり、しょうゆ … 各適量

① 器にAを入れて混ぜ、スパゲッティを加えてあえ、のり、卵黄をのせてしょうゆをたらす。

4. 明太とろろ、オクラ

・材料（2人分）

A | 明太子（薄皮を除く）… 1腹（2本・80g）
 | 長いも（すりおろす）… 4cm
 | めんつゆ（ストレート）… 大さじ1
 | 水 … 小さじ2

オクラ（熱湯でさっとゆで、小口切り）… 6本
スパゲッティ（塩適量を加えた熱湯でゆで、湯をきる）… 200g
刻みのり … 適量

① 器にAを入れて混ぜ、スパゲッティを加えてあえ、のり、オクラをのせる。

7. たらこバター、野沢菜、卵黄

・材料（2人分）

A｜たらこ（薄皮を除く）… 1腹（2本・80g）
｜バター（電子レンジで溶かす）… 20g
｜野沢菜漬け（さっと洗い、みじん切り）… $\frac{3}{4}$カップ（70g）
｜水 … 大さじ$\frac{1}{2}$

卵黄 … 2個分

スパゲッティ（塩適量を加えた熱湯でゆで、湯をきる）… 200g

しょうゆ … 少々

① 器にAを入れて混ぜ、スパゲッティを加えてあえ、卵黄をのせてしょうゆをたらす。

8. ツナおろしと韓国のり

・材料（2人分）

A｜揚げ玉 … 大さじ7　韓国のり（ちぎる）… 小12枚
｜ツナ缶（汁けをきる）… 小1缶（70g）
｜大根おろし（水けを軽くきる）… 5cm分

めんつゆ（ストレート）… 大さじ4

スパゲッティ（塩適量を加えた熱湯でゆで、湯をきる）… 200g

ごま油 … 大さじ2

ラー油（好みで）… 少々

① 器にスパゲッティを入れてめんつゆをかけ、Aを順にのせ、フライパンで熱したごま油（熱いので注意）、ラー油をかける。全体を混ぜて食べる。

ポイント

フライパンにごま油を入れて中火で熱し、香りが出てきたらパスタにかける。熱いので、やけどにはくれぐれも注意して。

5. たらこしょうが、青じそ

・材料（2人分）

A｜たらこ（薄皮を除く）… 1腹（2本・80g）
｜しょうが（すりおろす）… $\frac{1}{2}$かけ
｜ごま油 … 大さじ1
｜水 … 小さじ2

青じそ（せん切り）… 10枚

スパゲッティ（塩適量を加えた熱湯でゆで、湯をきる）… 200g

① 器にAを入れて混ぜ、スパゲッティを加えてあえ、青じそをのせる。

6. ツナマヨケチャップ、アボカド

・材料（2人分）

A｜ツナ缶（汁けをきる）… 小1缶（70g）
｜マヨネーズ … 大さじ2
｜ケチャップ、牛乳、レモン汁 … 各小さじ1
｜練りがらし … 小さじ$\frac{2}{3}$
｜塩 … 小さじ$\frac{1}{4}$

アボカド（種と皮を除き、1cm角に切る）… 1個

玉ねぎ（みじん切りにし、水にさらす）… 大さじ4

ペンネ（塩適量を加えた熱湯でゆで、湯をきる）… 200g

オリーブ油、粗びき黒こしょう … 各少々

① 器にペンネを入れてオリーブ油をかけ、混ぜたAを加えてあえ、玉ねぎ、アボカドをのせて黒こしょうをふる。

ポイント

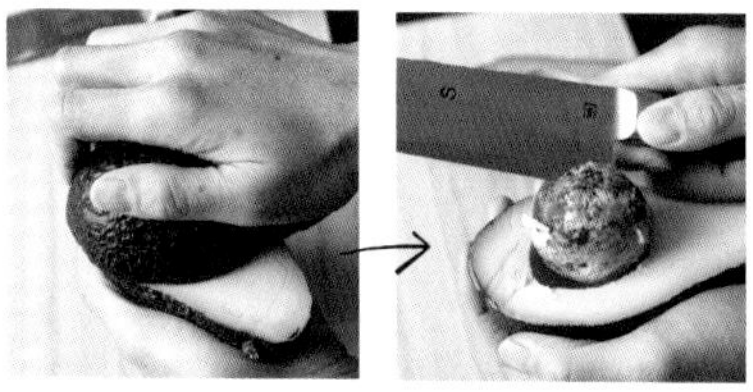

アボカドは、包丁で縦にぐるりと1周切り込みを入れ、手でねじって2つに割る。包丁の角を種に刺し、少しひねってはずし、手で皮をむく。

9、桜えび、青のり、温玉

桜えびは軽くからいりすると、
カリッと、より香ばしくなります。
温泉卵がなければ、卵黄でもいいですよ。

→ 作り方はp92へ

→ 作り方はp92へ

10、キャベツ、油揚げ、塩昆布

キャベツはごくごくさっとゆでて、
食感を残すのがコツ。
焼いた油揚げで、ボリュームもアップ。

11、なめたけおろしかいわれ

味の決めては、からしと酢。甘めの味つけのなめたけをこれでガシッと引きしめます。

→ 作り方はp92へ

→ 作り方はp92へ

12、塩もみ白菜とほたて缶

白菜は粗みじんに切ることで、麺によくなじむように。しょうがの香りが食欲をそそります。

13、高菜のカルボナーラ風

火を使わない、お手軽カルボナーラ風。
高菜のかわりに、野沢菜でもおいしい。
炒めたベーコンを加えるのもおすすめ。

→ 作り方はp93へ

→ 作り方はp93へ

14、つぶしアボカドと納豆

アボカドは、牛乳を加えてペースト状に。
わさびの香りがアクセントです。
納豆はひき割りが、からみがよくてグー。

15、塩辛クリーム、万能ねぎ

生クリームに塩辛を加えて、チーン！
これで、極うまクリームソースの完成です。
塩辛のかわりに、のりのつくだ煮でも美味。

→ 作り方はp93へ

→ 作り方はp93へ

16、ツナトマトオクラの冷製

冷製パスタは、水けをぎゅっと絞るのがコツ。
オクラをアボカドにかえてクリーミーに、
青じそやバジルでさっぱり仕上げても。

9. 桜えび、青のり、温玉

・材料（2人分）

桜えび（粗みじん切り）… 大さじ6

A｜青のり … 小さじ1　めんつゆ（ストレート）… 小さじ4
　｜ごま油 … 大さじ1　塩 … 小さじ¼
　｜しょうが（すりおろす）… 1かけ

温泉卵 … 2個

スパゲッティ（塩適量を加えた熱湯でゆで、湯をきる）… 200g

しょうゆ … 少々

① 器にAを入れて混ぜ、スパゲッティ、桜えびを加えてあえ、温泉卵をのせてしょうゆをたらす。

10. キャベツ、油揚げ、塩昆布

・材料（2人分）

キャベツ（せん切り）… 大3～4枚

油揚げ（オーブントースターで焼き、1cm角に切る）… ½枚

青じそ（粗みじん切り）… 10枚

A｜塩昆布 … 大さじ4　オリーブ油 … 大さじ2
　｜ゆずこしょう … 小さじ½　砂糖、塩 … 各少々
　｜スパゲッティのゆで汁 … 大さじ1

スパゲッティ（塩適量を加えた熱湯でゆで、湯をきる）… 200g

① キャベツはスパゲッティがゆで上がる30秒前に湯に加え、一緒にゆでる。器にAを入れて混ぜ、スパゲッティとキャベツ、油揚げ、青じそを加えてあえる。

キャベツはスパゲッティがゆで上がる30秒前になったら鍋に加え、一緒にゆでる。麺とともにざるに上げ、湯をきって。

ポイント

11. なめたけおろし、かいわれ

・材料（2人分）

A｜なめたけ（びん詰）… 大さじ5
　｜しょうゆ … 大さじ1
　｜ごま油、練りがらし … 各小さじ1
　｜酢 … 小さじ½

大根おろし（水けを軽くきる）… 5cm分

かいわれ（長さを3等分に切る）… ½パック

スパゲッティ（塩適量を加えた熱湯でゆで、湯をきる）… 200g

① 器にスパゲッティを入れ、かいわれ、混ぜたA、大根おろしをのせる。全体を混ぜて食べる。

12. 塩もみ白菜とほたて缶

・材料（2人分）

白菜（粗みじん切り）… 大3～4枚

塩 … 小さじ½

A｜ほたて水煮缶（汁ごと）… 小1缶（70g）
　｜しょうが（すりおろす）… 1かけ
　｜白いりごま、しょうゆ、ごま油 … 各大さじ1
　｜塩 … 少々

スパゲッティ（塩適量を加えた熱湯でゆで、湯をきる）… 200g

粗びき黒こしょう … 少々

① 白菜は塩をふって15分おき、水けを絞ってAを混ぜる。器にスパゲッティとともに入れてあえ、黒こしょうをふる。

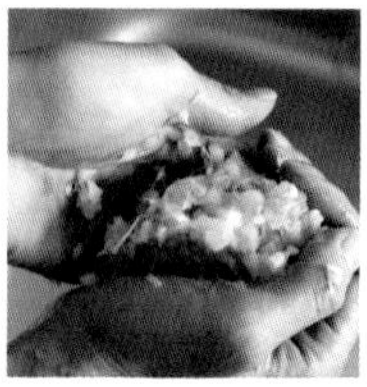

白菜は、塩をふって15分ほどおき、しんなりしたら水けをぎゅっと絞る。こうしておくと、麺とよくなじんでおいしい。

ポイント

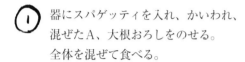

15. 塩辛クリーム、万能ねぎ

• 材料（2人分）

いかの塩辛 … 大さじ6

A | 生クリーム … 大さじ6
 | 塩 … 小さじ$\frac{1}{4}$
 | しょうが（すりおろす）… $\frac{1}{2}$かけ

万能ねぎ（小口切り）… 8本

スパゲッティ（塩適量を加えた熱湯でゆで、湯をきる）… 200g

粗びき黒こしょう … 適量

① 耐熱容器にAを入れ、ラップをふわりとかけて電子レンジ（600W）で40秒、塩辛を加えて30秒加熱する（熱いので注意）。器にスパゲッティ、万能ねぎとともに入れてあえ、黒こしょうをたっぷりふる。

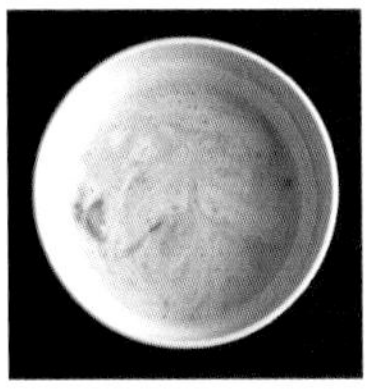

耐熱容器に生クリーム、塩、しょうがを入れ、電子レンジで40秒加熱したら、塩辛を加えて再び30秒チン。塩辛は、加熱しすぎるとかたくなるので注意して。

ポイント

16. ツナトマトオクラの冷製

• 材料（2人分）

ツナ缶（汁けをきる）… 小1缶（70g）

トマト（7～8mm角に切る）… 1個

オクラ（熱湯でさっとゆで、粗みじん切り）… 6本

A | ポン酢じょうゆ … 大さじ$2\frac{1}{2}$
 | ごま油 … 大さじ1
 | おろしわさび … 小さじ$\frac{1}{2}$
 | 塩 … 小さじ$\frac{1}{4}$

スパゲッティ（塩適量を加えた熱湯で1分長くゆで、冷水で洗って水けを絞る）… 200g

① 器にA、ツナ、トマトを入れて混ぜ、スパゲッティを加えてあえ、オクラをのせる。

13. 高菜のカルボナーラ風

• 材料（2人分）

高菜漬け（さっと洗い、みじん切り）… $\frac{3}{4}$カップ（60g）

A | 卵黄 … 3個分　生クリーム … 大さじ4
 | 粉チーズ … 大さじ2　塩 … 小さじ$\frac{1}{3}$

スパゲッティ（塩適量を加えた熱湯でゆで、湯をきる）… 200g

粗びき黒こしょう … 少々

① 器にA、高菜の順に入れて混ぜ、スパゲッティを加えてあえ、黒こしょうをふる。
＊残った卵白は、粉チーズやピザ用チーズを混ぜ、黒こしょうをたっぷりきかせて、白いオムレツにしても

みじん切りにしてチャーハンに加えてもおいしい高菜漬け。マヨネーズとあえてタルタルソースがわりにし、揚げものに添えると美味。

14. つぶしアボカドと納豆

• 材料（2人分）

A | アボカド（種と皮を除き、フォークでつぶす）… 1個
 | 牛乳 … 大さじ1
 | しょうゆ、おろしわさび … 各小さじ1
 | 塩 … 小さじ$\frac{1}{3}$

ひき割り納豆 … 2パック（80g）

スパゲッティ（塩適量を加えた熱湯でゆで、湯をきる）… 200g

刻みのり、しょうゆ … 各適量

① 器にAを入れて混ぜ、スパゲッティを加えてあえ、のり、納豆をのせてしょうゆをたらす。

アボカドは、p87を参照して種と皮を除き、ボウルに入れ、フォークの背を使ってしっかりとつぶす。なめらかなペースト状にするのがコツ。

ポイント

17、豆苗《とうみょう》としらすのペペロンチーノ

電子レンジで作る、速攻ペペロンチーノ。にんにくが薄く色づいたら、即ゆで汁を。これで、とろーりとからむソースになります。

→ 作り方はp98へ

18、青じその ペペロンチーノ

イタリアンならバジルで作るところを、
たっぷりの青じそで食べやすく、和風に。
これも油が熱いうちにゆで汁を、がコツ。

→ 作り方はp98へ

→ 作り方はp98へ

19、キャベツとかに缶の にんにく風味

かに缶は汁ごと加えることで、
そのうまみをパスタにぎゅっと吸わせます。
キャベツは塩をしてゆでると、麺とのなじみもマル。

20、ささみ、梅干しのり

ささみのうまみが詰まった蒸し汁も、残さず、おいしく活用します。かいわれを青じそにかえてもグー。

→ 作り方はp99へ

→ 作り方はp99へ

21、ベーコン、アスパラの豆乳みそクリーム

豆乳はチンしすぎると、飛び散るので注意。ほんのりしょうがの香りが広がる、軽いクリームソースです。

22. 鮭フレークの豆乳バターソース

にんにくの香りがアクセント。バターはパスタに直接からめ、その風味を楽しみます。

→ 作り方はp99へ

→ 作り方はp99へ

23. ブロッコリーのわさびソース

電子レンジで加熱したブロッコリーを粗くつぶして、麺によくからむソースに。わさびは、香りを楽しむくらいの量で。

17. 豆苗《とうみょう》としらすのペペロンチーノ

・材料（2人分）

豆苗《とうみょう》（長さを3等分に切る）… ½袋
しらす … 大さじ5
A｜にんにく（薄切り）… 2かけ
　｜オリーブ油 … 大さじ4
B｜塩 … 小さじ½
　｜赤唐辛子（小口切り）… 1本
　｜スパゲッティのゆで汁 … 大さじ2
スパゲッティ（塩適量を加えた熱湯でゆで、
　湯をきる）… 200g
粗びき黒こしょう … 少々

1. 耐熱容器にAを入れ、ラップをかけずに電子レンジ（600W）で2分30秒加熱し、すぐにBを混ぜる（熱いので注意）。器にスパゲッティ、豆苗、しらすとともに入れてあえ、黒こしょうをふる。

にんにくとオリーブ油を電子レンジで加熱し、にんにくが薄く色づけばOK。すぐにゆで汁を加えて混ぜ、乳化させる。加熱しすぎると、にんにくが苦くなるので注意。

ポイント

18. 青じそのペペロンチーノ

・材料（2人分）

青じそ（みじん切り）… 10枚
A｜にんにく（薄切り）… 2かけ
　｜オリーブ油 … 大さじ4
B｜塩 … 小さじ½
　｜赤唐辛子（小口切り）… 1本
　｜スパゲッティのゆで汁 … 大さじ2
スパゲッティ（塩適量を加えた熱湯でゆで、
　湯をきる）… 200g

1. 耐熱容器にAを入れ、ラップをかけずに電子レンジ（600W）で2分30秒加熱し、すぐにBを混ぜる（熱いので注意）。器にスパゲッティ、青じそとともに入れてあえる。

19. キャベツとかに缶のにんにく風味

・材料（2人分）

キャベツ（2cm角に切り、塩少々をふる）… 大3〜4枚
A｜かに缶（汁ごと）… 小1缶（55g）　塩 … 小さじ½
B｜にんにく（みじん切り）… 1かけ
　｜オリーブ油 … 大さじ3½
スパゲッティ（塩適量を加えた熱湯でゆで、
　湯をきる）… 200g
粗びき黒こしょう … 少々

1. 耐熱容器にBを入れ、ラップをかけずに電子レンジ（600W）で2分30秒加熱し、すぐにAを混ぜる（熱いので注意）。
2. キャベツはスパゲッティがゆで上がる30秒前に湯に加え、一緒にゆでる。器に❶とともに入れてあえ、黒こしょうをふる。

かに缶の汁には、うまみがたっぷり。電子レンジで加熱したにんにく+オリーブ油のソースにすぐに加え、かにの風味をしっかりとじ込めて。

ポイント

22. 鮭フレークの豆乳バターソース

・材料（2人分）

A｜鮭フレーク … 大さじ5
　｜豆乳（成分無調整のもの）… 大さじ8
　｜酒 … 大さじ$\frac{1}{2}$　塩 … 小さじ$\frac{1}{3}$
　｜にんにく（すりおろす）… 少々
いんげん（3cm長さに切る）… 8本
バター … 10g
スパゲッティ（塩適量を加えた熱湯でゆで、
　湯をきる）… 200g
粗びき黒こしょう … 少々

① 耐熱容器にAを混ぜ、ラップをふわりとかけて電子レンジ（600W）で3分～3分30秒加熱する。

② いんげんはスパゲッティがゆで上がる30秒前に湯に加え、一緒にゆでる。器にバターとともに入れ、❶をかけてあえ、黒こしょうをふる。

23. ブロッコリーのわさびソース

・材料（2人分）

A｜ブロッコリー（細かく刻む）… 1個
　｜白ワイン、オリーブ油 … 各大さじ2　塩 … 小さじ$\frac{3}{4}$
　｜にんにく（すりおろす）… 少々
B｜おろしわさび … 小さじ1
　｜スパゲッティのゆで汁 … 大さじ3
スパゲッティ（塩適量を加えた熱湯でゆで、
　湯をきる）… 200g
オリーブ油、粗びき黒こしょう … 各少々

① 耐熱ボウルにAを入れ、ラップをかけて電子レンジ（600W）で8分加熱し、フォークでざっとつぶしてBを混ぜる。

② 器にスパゲッティを入れ、オリーブ油、❶を加えてあえ、黒こしょうをふる。

20. ささみ、梅干し、のり

・材料（2人分）

鶏ささみ（筋なし）… 2本（120g）
A｜塩 … 小さじ$\frac{1}{3}$　酒 … 大さじ1
B｜梅干し（たたく）… 2個
　｜オリーブ油 … 大さじ$2\frac{1}{2}$
　｜塩 … 小さじ$\frac{1}{3}$　しょうゆ … 少々
　｜スパゲッティのゆで汁 … 大さじ$1\frac{1}{2}$
かいわれ（長さを半分に切る）… $\frac{1}{2}$パック
スパゲッティ（塩適量を加えた熱湯でゆで、
　湯をきる）… 200g
刻みのり … 適量

① 耐熱皿にささみをのせてAをふり、ラップをかけて電子レンジ（600W）で2分、裏返して30秒加熱し、粗熱がとれたら手でさく。

② 器に❶（汁ごと）、Bを入れて混ぜ、スパゲッティ、かいわれを加えてあえ、のりをのせる。

21. ベーコン、アスパラの豆乳みそクリーム

・材料（2人分）

A｜ベーコン（1cm幅に切る）… 4枚
　｜豆乳（成分無調整のもの）… 大さじ8
　｜みそ … 大さじ$\frac{1}{2}$　酒 … 小さじ1
　｜塩 … 小さじ$\frac{1}{2}$　しょうが（すりおろす）… 1かけ
グリーンアスパラ（5mm幅の斜め切り）… 6本
スパゲッティ（塩適量を加えた熱湯でゆで、
　湯をきる）… 200g
七味唐辛子 … 少々

① 耐熱容器にAを混ぜ、ラップをふわりとかけて電子レンジ（600W）で1分30秒加熱する。

② アスパラはスパゲッティがゆで上がる30秒前に湯に加え、一緒にゆでる。器に❶とともに入れてあえ、七味をふる。

パスタと合わせておいしい野菜のちびおかず

キャベツと桜えびのはちみつレモンあえ

・材料（2人分）

キャベツ（5cm角に切る）… 4枚
桜えび … 大さじ3
A | はちみつ、レモン汁 … 各大さじ1
　| オリーブ油 … 小さじ2
　| 塩 … ふたつまみ

1. キャベツは塩少々（分量外）を加えた熱湯でさっとゆで、湯をきる。Aを混ぜたボウルに桜えびとともに加え、よくあえる。

焼きねぎ、にんじんのナムル

・材料（2人分）

長ねぎ（2cm幅の小口切り）… 1本
A | にんじん（せん切り）… 5cm
　| ごま油 … 小さじ1
　| 塩 … ふたつまみ
黒すりごま … 少々

1. フライパンにごま油小さじ1（分量外）を熱し、長ねぎを中火でこんがり焼き、Aとともにボウルに入れてあえ、器に盛ってすりごまをふる。

れんこんの梅ステーキ

・材料（2人分）

れんこん（皮つき）… 1cm厚さ4枚
オリーブ油 … 小さじ2
梅干し（たたく）… 1/2個
塩、粉山椒 … 各少々

1. フライパンにオリーブ油を熱し、塩をふったれんこんの両面を中火でこんがり焼き、器に盛って梅干しを塗り、粉山椒をふる。

プチトマトとアボカドのサラダ

・材料（2人分）

A | プチトマト（4等分に切る）… 4個
　| アボカド（種と皮を除き、1cm角に切る）… 1個
　| 削り節 … 1/2袋（2g）
　| スイートチリソース、ナンプラー … 各大さじ1
刻みのり … 適量

1. ボウルにAを入れてあえ、器に盛ってのりをのせる。

7. 速《はや》炒め パスタ

麺をゆではじめてから、材料を用意しても大丈夫。
少ない材料で、ささ〜っと炒めて作れる、
とびきりクイックなパスタを集めてみました。
材料を薄く、小さく切って、
火の通りをよくするのもポイント。
パスタを加えたら、強火であえるぐらいで完成です！

じゃことミックスナッツのペペロンチーノ

おつまみ用のミックスナッツが、
極上の香ばしさ、食感の楽しさ！
ちりめんじゃこのかわりに、
桜えびでもおいしく作れます。

・材料（2人分）

ちりめんじゃこ … 大さじ4
ミックスナッツ … $\frac{2}{3}$カップ（60g）
A｜にんにく（みじん切り）… 1かけ
　｜赤唐辛子（半分に切る）… 1本
B｜しょうゆ … 大さじ1
　｜スパゲッティのゆで汁 … 大さじ2
スパゲッティ（塩適量を加えた熱湯で
　1分短くゆで、湯をきる）… 200g
オリーブ油 … 大さじ$1\frac{1}{2}$

1. フライパンにオリーブ油、Aを入れて弱火にかけ、香りが出たらじゃこ、ナッツを加え、強火で油が回るまで炒める。
2. スパゲッティ、Bを加え、さっと炒める。

ポイント

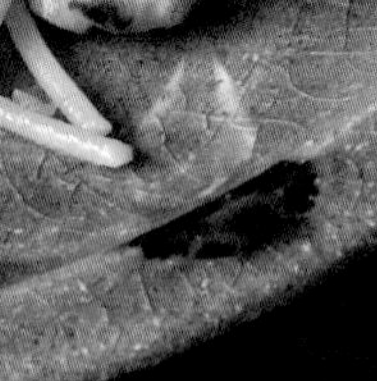

おつまみ用として売られている、塩味つきのミックスナッツ。ごぼうやれんこん、うどのきんぴらに加えても、香ばしさがプラスされておいしい。

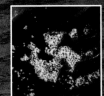

オリーブ油、にんにく、赤唐辛子を弱火にかけたら、にんにくの香りが出るまで炒める。にんにくが色づく前に、じゃことナッツを加えるのがコツ。

しらす、長ねぎの粉山椒炒め

長ねぎは、先に炒めて甘みを引き出し、オイルに香りをじっくりうつします。定番のめんつゆ味に、粉山椒でアクセントを。しらすは生でのせて、やわらかさを楽しんで。

・材料（2人分）

しらす … 大さじ2
長ねぎ（5mm幅の小口切り）… $\frac{2}{3}$本
A｜めんつゆ（ストレート）、酒
　　… 各大さじ2
　｜粉山椒 … 小さじ$\frac{1}{2}$
スパゲッティ（塩適量を加えた熱湯で
　1分短くゆで、湯をきる）… 200g
オリーブ油 … 大さじ2

1. フライパンにオリーブ油を熱し、長ねぎを中火で炒め、こんがりしたらスパゲッティ、Aを加え、強火でさっと炒める。
2. 器に盛ってしらすをのせ、粉山椒少々（分量外）をふる。

うなぎのかば焼きに欠かせない粉山椒。ピリリとしたその風味は、七味唐辛子や粗びき黒こしょうのかわりに使うと、いつものおかずが新鮮に。

ベーコン、たくあん、七味

たくあんは炒めることで、
玉ねぎのように甘みが出ます。
そこに、カリッと炒めた
ベーコンのうまみを加えて。
仕上げの七味唐辛子で、
ピリリと引きしめます。

●材料（2人分）

ベーコン（1cm幅に切る）… 4枚
たくあん（粗みじん切り）… 3cm
A｜しょうゆ … 小さじ2
　｜スパゲッティのゆで汁 … 大さじ2
スパゲッティ（塩適量を加えた熱湯で
　1分短くゆでて、湯をきる）… 200g
オリーブ油 … 大さじ$1\frac{1}{2}$
七味唐辛子 … 少々

① フライパンにオリーブ油、
ベーコンを入れて
弱火にかけ、
こんがりしたら
たくあんを加え、
強火でさっと炒める。

② スパゲッティ、
Aを加えて手早く炒め、
器に盛って七味をふる。

さきいか もやしの塩昆布炒め

塩昆布のうまみ、塩けが味のキーです。
めんつゆを加えずに、
塩少々でシンプルに仕上げてもおいしい。

・材料（2人分）

さきいか（3cm長さに切る）… ふたつかみ（40g）
もやし … ½袋
A｜塩昆布 … 大さじ4
　｜めんつゆ（ストレート）、
　｜　スパゲッティのゆで汁 … 各大さじ2
スパゲッティ（塩適量を加えた熱湯で
　1分短くゆで、湯をきる）… 200g
ごま油 … 大さじ1½

1. フライパンにごま油を熱し、さきいか、もやしを強火で炒め、油が回ったらスパゲッティ、Aを加えてさっと炒める。

ほたて缶とレタスのナンプラー味

うまみたっぷりのほたての缶汁も、
ムダなく活用します。
ナンプラーで風味を加え、
一味の辛さが食欲をそそります。

・材料（2人分）

ほたて水煮缶 … 小1缶（70g）
グリーンリーフやレタス（ちぎる）… 3枚
A｜ナンプラー … 大さじ1
　｜酒 … 大さじ2
スパゲッティ（塩適量を加えた熱湯で
　1分短くゆで、湯をきる）… 200g
オリーブ油 … 大さじ2
一味唐辛子 … 少々

1. フライパンにオリーブ油を熱し、ほたて缶（汁ごと）、スパゲッティを中火で炒め、油が回ったらグリーンリーフ、Aを加え、強火でさっと炒める。器に盛り、一味をふる。

小魚を塩漬け発酵させたタイの魚醤・ナンプラー。酒と合わせて使うとクセがやわらぎ、隠し味程度に加えると、料理の味にぐんと深みが出る。

ツナキムチ 黒ごま

ツナとキムチを先に混ぜておけば、あとは油とさっとからめるだけ。これ、炒めずにあえるだけでもいけます。

・材料（2人分）

A | ツナ缶（汁けをきる）… 小1缶（70g）
白菜キムチ … ½カップ（100g）
黒いりごま … 大さじ2

B | しょうゆ … 小さじ2
スパゲッティのゆで汁 … 大さじ2

スパゲッティ（塩適量を加えた熱湯で1分短くゆで、湯をきる）… 200g
ごま油 … 大さじ1½

① フライパンにごま油を熱し、混ぜたAを強火でさっと炒め、スパゲッティ、Bを加えて手早く炒める。

ごぼうジンジャー、万能ねぎ

炒めたごぼうとしょうがに、ゆで汁を加えて、その香りをしっかりうつすのがコツ。味つけはしょうゆのみ、のシンプルさがグー。

・材料（2人分）

A | ごぼう（5cm長さの細切り）… 20cm
しょうが（せん切り）… 1かけ

スパゲッティのゆで汁 … お玉1杯分
しょうゆ … 大さじ1
スパゲッティ（塩適量を加えた熱湯で1分短くゆで、湯をきる）… 200g
オリーブ油 … 大さじ2
万能ねぎ（小口切り）… 2本

① フライパンにオリーブ油を熱し、Aを弱火で炒め、香りが出たらゆで汁を加えて強火にする。

② ごぼうがやわらかくなったら、スパゲッティ、しょうゆを加えてさっと炒め、器に盛って万能ねぎをのせる。

豚ひき、キャベツのクミンバター炒め

キャベツと相性抜群のクミンシードが風味の決めて。バターじょうゆ味がうまーい。

・材料（2人分）

豚ひき肉 … 160g
キャベツ（ひと口大に切る）… 4枚
A｜しょうゆ … 大さじ1
　｜スパゲッティのゆで汁 … 大さじ2
スパゲッティ（塩適量を加えた熱湯で
　1分短くゆで、湯をきる）… 200g
B｜クミンシード … 小さじ1　バター … 10g

① フライパンにBを入れて中火にかけ、香りが出たらひき肉を加えて強火でこんがり炒め、キャベツを加えて油が回ったら、スパゲッティ、Aを加えてさっと炒める。

クミンシードは、セリ科の一年草の種子。豚肉とキャベツ炒めにみそとともに加えたり、みそ+クミン+オリーブ油を温野菜につけて食べても。

ウインナとピーマンの焼きそば風

焼きそばやナポリタンに少しだけ加えると、ぐんと深い味わいになるスイートチリソース。濃厚なうまみ、ぜひお試しを。

・材料（2人分）

A｜ウインナ（斜め薄切り）… 4本　ピーマン（短冊切り）… 2個
B｜酒、みりん … 各大さじ2
C｜中濃ソース … 大さじ3　スイートチリソース … 大さじ2
スパゲッティ（塩適量を加えた熱湯で
　1分短くゆで、湯をきる）… 200g
サラダ油 … 大さじ1　紅しょうが … 適量

① フライパンにサラダ油を熱し、Aを中火で炒め、油が回ったらスパゲッティとB、Cの順に加え、強火で炒める。器に盛り、紅しょうがをのせる。

豚バラの焼き肉味ペペロンチーノ

市販の焼き肉のたれを使って、
パンチのあるペペロンチーノに。
玉ねぎ、ピーマンのほか、
にんじんを加えて作っても美味。

・材料（2人分）

豚バラ薄切り肉（5cm長さに切る）… 8枚
A｜市販の焼き肉のたれ … 大さじ5　スパゲッティのゆで汁 … 大さじ2
スパゲッティ（塩適量を加えた熱湯で1分短くゆで、湯をきる）… 200g
B｜にんにく（みじん切り）… 1かけ　赤唐辛子（半分に切る）… 1本
　オリーブ油 … 大さじ1

1 フライパンにBを入れて弱火にかけ、香りが出たら豚肉を加えて強火で炒め、こんがりしたらスパゲッティ、Aを加えてさっと炒める。

カリカリ梅、セロリ、白すりごま

オリーブ油、梅干し、セロリを
弱火でじっくり加熱して香りをうつし、
それを麺にからめます。
すりごまの香ばしさが、合うんだなあ。

・材料（2人分）

カリカリ梅（粗みじん切り）… 4個　セロリ（5mm幅の小口切り）… 8cm
A｜しょうゆ … 大さじ1　酒 … 大さじ2
スパゲッティ（塩適量を加えた熱湯で1分短くゆで、湯をきる）… 200g
オリーブ油 … 大さじ3
B｜白すりごま … 大さじ2　セロリの葉（粗く刻む）… 適量

1 フライパンにオリーブ油を熱し、カリカリ梅、セロリを弱火で炒め、しんなりしたらスパゲッティ、Aを加え、強火でさっと炒める。器に盛り、Bをかける。

和風ナポリタン

ケチャップにオイスターソースを加えて、ぐっと濃厚なおいしさに。仕上げののりで、一気に和風の仲間入りです。ウインナやハムで作ったり、玉ねぎを加えても。

・材料（2人分）

チャーシュー（細切り）… 6枚
ピーマン（輪切り）… 1個
A ｜ケチャップ … 大さじ4
　｜オイスターソース、スパゲッティのゆで汁 … 各大さじ2
　｜塩、粗びき黒こしょう … 各少々
スパゲッティ（塩適量を加えた熱湯で1分短くゆで、湯をきる）… 200g
オリーブ油 … 小さじ2
刻みのり … 適量

① フライパンにオリーブ油、チャーシューを入れて中火にかけ、こんがりしたらピーマンを加え、強火でさっと炒める。

② スパゲッティ、Aを加えてさっと炒め、器に盛ってのりをのせる。

かきの濃厚なうまみが詰まったオイスターソース。チャーハンや焼きそばなどに加えると、コクが出る。しょうゆと1対1で混ぜ、卵黄を漬けても美味。

なめこチャーシューカレー

なめこの自然なとろみを生かせば、
パスタにほどよくからみます。
みじん切りのしょうが、しょうゆをきかせた、
ほんのり和風のカレー味です。

・材料（2人分）

なめこ … 1袋
チャーシュー（細切り）… 4枚
しょうが（みじん切り）… 1かけ
A｜酒、みりん … 各大さじ4
B｜カレールウ（刻む）… 大さじ1
　｜しょうゆ … 小さじ2
ペンネ（塩適量を加えた熱湯で
　1分短くゆで、湯をきる）… 200g
オリーブ油 … 大さじ2
七味唐辛子 … 少々

① フライパンにオリーブ油、しょうがを入れて弱火にかけ、香りが出たらなめこ、チャーシューを加え、強火で油が回るまで炒める。

② Aを加えて煮立ったら、ペンネ、Bを加えてさっと炒め、器に盛って七味をふる。

炒めものに加えると、自然なとろみであんかけ風になるなめこ。ひき肉、玉ねぎ、しょうがとともにごま油で炒め、しょうゆで味つけして丼にしても。

鶏ひき、じゃがいもの粉山椒風味

じゃがいもはごくごく細く切って、麺にからむように。酒とみりんだけの味つけで、粉山椒の香りを立たせて。

・材料（2人分）

A｜鶏ひき肉 … 100g　しょうが（粗みじん切り）… 1かけ
B｜じゃがいも（せん切り）… 小1個　塩 … 小さじ⅓
C｜酒、みりん … 各大さじ4　スパゲッティのゆで汁 … ½カップ
粉山椒 … 小さじ1
スパゲッティ（塩適量を加えた熱湯で1分短くゆで、湯をきる）… 200g
ごま油 … 大さじ3

1. フライパンにごま油を熱し、Aを弱火で炒め、肉の色が変わったらBを加え、中火で炒める。Cを加えて強火で煮立たせ、スパゲッティを加えてさっと炒め、粉山椒を加えて混ぜる。

スパムとしめじのみそ味

スパムは先に焼きつけて、香ばしく。みそは香りが命。麺のゆで汁で溶いておき、最後に加えるのをお忘れなく。

・材料（2人分）

ポークランチョンミート（「スパム」・1cm角に切る）… ½缶（170g）
しめじ（ほぐす）… 小1パック
A｜酒、みりん … 各大さじ2
B｜みそ … 大さじ4　スパゲッティのゆで汁 … 大さじ3
スパゲッティ（塩適量を加えた熱湯で
　1分短くゆで、湯をきる）… 200g
ごま油 … 大さじ1½

1. フライパンにごま油、スパムを入れて中火にかけ、こんがりしたらしめじ、Aを加え、強火でさっと炒める。スパゲッティ、混ぜたBを加え、手早く炒める。

しめじのゆずこしょうペペロンチーノ

えのきやしいたけで作っても。
ゆずこしょうを使う時は、
ほんの少し砂糖を加えると、
味のバランスがよくなります。

●材料（2人分）

しめじ（ほぐす）… 小1パック
A | ゆずこしょう、塩 … 各小さじ½　砂糖 … 少々
　| スパゲッティのゆで汁 … 大さじ5　赤唐辛子（小口切り）… 1本
スパゲッティ（塩適量を加えた熱湯で1分短くゆで、湯をきる）… 200g
B | にんにく（みじん切り）… 2かけ　オリーブ油 … 大さじ3

1. フライパンにBを入れて中火にかけ、香りが出たらしめじを加えて強火で炒め、しんなりしたら混ぜたAを加え、火を止める。スパゲッティを加え、強火でさっと炒める。

ツナと納豆のめんつゆからし炒め

納豆は、さっと洗って炒めやすく、
万能ねぎは火を通して甘みを出し、
仕上げにも散らすダブル使いです。

●材料（2人分）

ツナ缶（汁けをきる）… 小1缶（70g）
納豆（さっと洗い、水けをきる）… 2パック（100g）
万能ねぎ（小口切り）… ½束　＊大さじ3を取り分ける
A | めんつゆ（ストレート）… 大さじ1½　しょうゆ … 小さじ2
　| 練りがらし … 小さじ1　スパゲッティのゆで汁 … 大さじ4
スパゲッティ（塩適量を加えた熱湯で1分短くゆで、湯をきる）… 200g
ごま油 … 大さじ2　七味唐辛子 … 少々

1. フライパンにごま油を熱し、ツナを強火で炒め、油が回ったら納豆を加えてさっと炒め、混ぜたAを加えて火を止める。スパゲッティ、万能ねぎを加え、強火で手早く炒め、器に盛って七味、残りの万能ねぎをふる。

キャベツとツナのにんにくみそバター味

キャベツは、歯ごたえを残すのがコツ。ラーメンを思わせるみそバター味で、コーンを加えてもおいしいです。

・材料（2人分）

A｜キャベツ（5cm長さの短冊切り）… 大3 ～4枚
　｜ツナ缶（汁けをきる）… 小1缶（70g）
B｜みそ … 大さじ1　みりん … 大さじ$\frac{1}{2}$
　｜しょうゆ … 小さじ1
　｜スパゲッティのゆで汁 … 大さじ$4\frac{1}{2}$
　｜にんにく（すりおろす）… $\frac{1}{4}$かけ
バター … 10g
スパゲッティ（塩適量を加えた熱湯で
　1分短くゆで、湯をきる）… 200g
サラダ油 … 大さじ$1\frac{1}{2}$

1. フライパンにサラダ油を熱し、A、塩少々（分量外）を強火で炒め、しんなりしたら混ぜたB、バターを加え、火を止める。スパゲッティを加え、強火でさっと炒める。

ちくわ焼きねぎのゆかりバター味

長ねぎは、こんがり焼きつけることで、甘みと香ばしさが出てきます。ゆかりのかわりに、青のりでも美味。

・材料（2人分）

A｜ちくわ（長さを半分に切り、縦4等分に切る）… 4本
　｜長ねぎ（5cm長さに切り、縦半分に切る）… 2本
B｜ゆかり、酒 … 各大さじ1
　｜スパゲッティのゆで汁 … 大さじ$4\frac{1}{2}$
バター … 10g
スパゲッティ（塩適量を加えた熱湯で
　1分短くゆで、湯をきる）… 200g
サラダ油 … 大さじ$1\frac{1}{2}$

1. フライパンにサラダ油を熱し、A、塩少々（分量外）を強火で炒め、こんがりしたら混ぜたB、バターを加え、火を止める。スパゲッティを加え、強火でさっと炒める。

チョリソーにしめじ、青じそのしょうゆ炒め

しょうゆにソースを少し加えて、うまみをアップ。
ピリ辛のチョリソーで、食欲が出てきます。
青じそはこれでもか！と、たっぷり加えるのがコツ。

・材料（2人分）

チョリソー（縦半分に切り、斜め薄切り）… 5本
しめじ（ほぐす）… 小1パック
青じそ（せん切り）… 10枚
A｜しょうゆ … 大さじ1
　｜ウスターソース … 小さじ2
　｜スパゲッティのゆで汁 … 大さじ4
スパゲッティ（塩適量を加えた熱湯で
　1分短くゆで、湯をきる）… 200g
サラダ油 … 大さじ1½
粗びき黒こしょう … 少々

1. フライパンにサラダ油を熱し、チョリソー、しめじ、塩少々（分量外）を強火で炒め、しんなりしたら混ぜたAを加え、火を止める。
2. スパゲッティを加え、強火でさっと炒め、器に盛って黒こしょう、青じそをかける。

ベーコンとズッキーニのめんつゆ味

・材料（2人分）

ベーコン（2cm幅に切る）… 4枚

A｜ズッキーニ（薄い半月切り）… $\frac{1}{2}$本
　｜塩 … 小さじ$\frac{1}{4}$

にんにく（みじん切り）… 1かけ

B｜めんつゆ（ストレート）… 大さじ1
　｜しょうゆ … 大さじ$\frac{1}{2}$
　｜スパゲッティのゆで汁 … 大さじ4
　｜赤唐辛子（小口切り）… 1本

スパゲッティ（塩適量を加えた熱湯で1分短くゆで、湯をきる）… 200g

ごま油 … 大さじ$1\frac{1}{2}$

粗びき黒こしょう … 少々

1. フライパンにごま油、にんにくを入れて中火にかけ、香りが出たらベーコン、Aの順に加えて強火で炒め、油が回ったら混ぜたBを加え、火を止める。

2. スパゲッティを加え、強火でさっと炒め、器に盛って黒こしょうをふる。

ズッキーニは薄めに切って、麺とよくからむように。ささっと手早く炒めることで、歯ごたえを残すのもポイントです。

じゃがいもたらこマヨ炒め

・材料（2人分）

じゃがいも（7～8mm角の棒状に切り、水にさらす）… 1個

A｜たらこ（薄皮を除く）… 1腹（2本・80g）
　｜マヨネーズ … 小さじ2
　｜水 … 大さじ$3\frac{1}{2}$

スパゲッティ（塩適量を加えた熱湯で1分短くゆで、湯をきる）… 200g

B｜サラダ油 … 大さじ1
　｜バター … 10g

万能ねぎ（小口切り）… 適量

1. フライパンにBを熱し、じゃがいも、塩少々（分量外）を強火で炒め、こんがりしたら火を止める。

2. スパゲッティ、混ぜたA大さじ5を加えてあえ、器に盛って万能ねぎ、残りのAをかける。

麺を加えたあとは火にかけず、フライパンの中であえるだけ。たらこマヨは仕上げにもかけて、そのクリーミーさを楽しみます。

野沢菜としらすの白ごま炒め

野沢菜は、あまり細かく刻まずに、小口切りにして存在感を出して。かわりに高菜で作ってもおいしい。たっぷりのごまの香ばしさが格別です！

・材料（2人分）

野沢菜漬け（さっと洗い、
　小口切り）… 1カップ（100g）
しらす … 大さじ6
にんにく（みじん切り）… 1かけ
A｜白いりごま … 大さじ2
　｜しょうゆ … 小さじ1
　｜塩 … 小さじ$\frac{1}{4}$
　｜スパゲッティのゆで汁 … 大さじ5
スパゲッティ（塩適量を加えた熱湯で
　1分短くゆで、湯をきる）… 200g
ごま油 … 大さじ$1\frac{1}{2}$
七味唐辛子 … 少々

① フライパンにごま油、にんにくを入れて中火にかけ、少し色づいたら野沢菜を加えて強火で炒め、油が回ったらしらす、混ぜたAを加え、火を止める。

② スパゲッティを加え、強火でさっと炒め、器に盛って七味をふる。

むきえび、万能ねぎのわさびバターじょうゆ

えびに片栗粉をまぶすことで、
口あたりと味のからみをよくします。
バターじょうゆのコクのあるおいしさの中で、
わさびがほんのり香ります。

●材料（2人分）

むきえび（あれば背ワタを除く）… 大20尾（150g）
A | 酒、片栗粉 … 各小さじ1/2
  | 塩 … 少々
万能ねぎ（4cm長さに切る）… 1/2束
B | しょうゆ … 小さじ4
  | おろしわさび … 小さじ2
  | 酒 … 大さじ1
  | スパゲッティのゆで汁 … 大さじ4
バター … 10g
スパゲッティ（塩適量を加えた熱湯で
　1分短くゆで、湯をきる）… 200g
オリーブ油 … 大さじ1
粗びき黒こしょう … 少々

1. むきえびはAを混ぜ、オリーブ油を熱したフライパンの強火で炒め、少し色が変わったら混ぜたB、バター、万能ねぎを加え、火を止める。
2. スパゲッティを加え、強火でさっと炒め、器に盛って黒こしょうをふる。

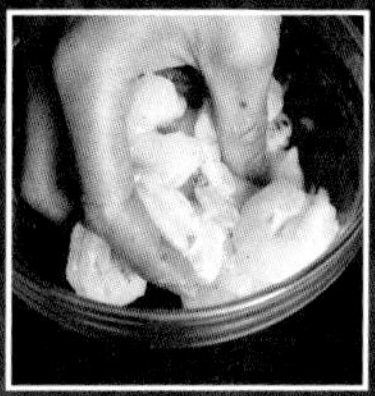

ポイント

むきえびは、背ワタがあれば背に切り込みを入れて除き、酒、塩、片栗粉を加えて混ぜる。片栗粉を加えることで口あたりがよくなり、少しとろみがついて、調味料のからみもよくなる。

たことしいたけの粒マスタードじょうゆ

粒マスタードの酸味がグー。
パスタなしの炒めものでも美味。
エリンギ、いかで作ってもマル。

・材料（2人分）

ゆでだこの足（薄いそぎ切り）… 1本（100g）
生しいたけ（薄切り）… 3枚
A｜粒マスタード … 大さじ$\frac{1}{2}$　しょうゆ … 小さじ4
｜砂糖 … 小さじ$\frac{1}{3}$　スパゲッティのゆで汁 … 大さじ4
スパゲッティ（塩適量を加えた熱湯で1分短くゆで、湯をきる）… 200g
B｜にんにく（薄切り）… 2かけ　サラダ油 … 大さじ2
バター … 10g　粉チーズ … 適量

① フライパンにBを入れて中火にかけ、香りが出たらしいたけ、塩少々（分量外）を加えて強火で炒め、混ぜたA、バターを加えて火を止める。たこ、スパゲッティを加え、強火で炒め、器に盛って粉チーズをふる。

あさりと青じそのボンゴレ

バターでコクをプラスしています。
赤唐辛子を加えて、ピリ辛にしても。
万能ねぎをどっさりかけてもおいしい。

・材料（2人分）

A｜あさり（砂抜きしたもの）… 1パック（200g）　酒 … 大さじ3
B｜しょうゆ … 大さじ$\frac{1}{2}$　塩 … 小さじ$\frac{1}{3}$
｜スパゲッティのゆで汁 … 大さじ$2\frac{1}{2}$
バター … 10g
スパゲッティ（塩適量を加えた熱湯で1分短くゆで、湯をきる）… 200g
C｜にんにく（みじん切り）… 1かけ　サラダ油 … 大さじ2
D｜青じそ（みじん切り）… 10枚　粗びき黒こしょう … 少々

① フライパンにCを入れて中火にかけ、香りが出たらAを加えてふたをして強火にし、あさりの口が開いたら混ぜたB、バターを加えて火を止める。スパゲッティを加え、強火で炒め、器に盛ってDをかける。

コンビーフと大根のからし炒め

大根はできるだけ細く切って、
麺に十分からむようにします。
からしで、あと味すっきりと。

・材料（2人分）

コンビーフ（ほぐす）… ½缶（50g）
大根（せん切り）… 4cm
A　しょうゆ、酒 … 各大さじ1
　　練りがらし … 大さじ½
　　スパゲッティのゆで汁 … 大さじ4
スパゲッティ（塩適量を加えた熱湯で
　1分短くゆでて、湯をきる）… 200g
サラダ油 … 大さじ2
かいわれ（2cm幅に切る）… ½パック
粗びき黒こしょう … 少々

1. フライパンにサラダ油を熱し、大根、塩少々（分量外）を強火で炒め、油が回ったらコンビーフを加えてさっと炒め、混ぜたAを加えて火を止める。
2. スパゲッティを加え、強火でさっと炒め、器に盛ってかいわれ、黒こしょうをかける。

ちりめん山椒、クレソンのごまじょうゆ味

甘辛味のちりめん山椒と、
クレソンの苦みがいい感じ。
ごまの香ばしさも相性抜群。

・材料（2人分）

ちりめん山椒 … 大さじ5
クレソン（ざく切り）… 1束
にんにく（みじん切り）… 1かけ
A　白すりごま … 大さじ1½
　　酒 … 大さじ1
　　しょうゆ … 小さじ2
　　スパゲッティのゆで汁 … 大さじ4
スパゲッティ（塩適量を加えた熱湯で
　1分短くゆでて、湯をきる）… 200g
ごま油 … 大さじ2

1. フライパンにごま油を熱し、にんにく、ちりめん山椒を中火で炒め、にんにくが色づいたら混ぜたAを加え、火を止める。
2. スパゲッティ、クレソンを加え、強火でさっと炒める。

ほたてと万能ねぎのオイスターマヨ味

しょうがは、せん切りで存在感を。
ほたては色が変わったら味つけし、
火を通しすぎないのがコツです。

・材料（2人分）

A｜ほたて貝柱（刺身用・2〜4等分に切る）… 6個
　｜しょうが（せん切り）… 1かけ
万能ねぎ（1cm幅の小口切り）… $\frac{1}{2}$束
B｜マヨネーズ … 大さじ2
　｜オイスターソース … 大さじ1　塩 … 小さじ$\frac{1}{4}$
　｜スパゲッティのゆで汁 … 大さじ4
スパゲッティ（塩適量を加えた熱湯で1分短くゆで、湯をきる）… 200g
ごま油 … 大さじ1　粗びき黒こしょう … 少々

① フライパンにごま油を熱し、Aを強火で炒め、ほたての表面の色が変わったら混ぜたBを加え、火を止める。スパゲッティ、万能ねぎを加え、強火でさっと炒め、器に盛って黒こしょうをふる。

豚こまとしいたけのケチャップ炒め

しいたけのうまみ、少しのしょうゆで、
あらら、一気に和風味に！
これにピーマンを加えたり、
きのこをしめじにかえてもおいしい。

・材料（2人分）

豚こま切れ肉 … 120g
生しいたけ（薄切り）… 3枚　玉ねぎ（薄切り）… $\frac{1}{2}$個
A｜ケチャップ … 大さじ2　ウスターソース、しょうゆ … 各大さじ1
　｜塩 … 小さじ$\frac{1}{4}$　ペンネのゆで汁 … 大さじ4
ペンネ（塩適量を加えた熱湯で1分短くゆで、湯をきる）… 200g
サラダ油 … 大さじ1
B｜粉チーズ、青のり … 各適量

① フライパンにサラダ油を熱し、玉ねぎを強火で炒め、しんなりしたら豚肉、しいたけを加え、肉の色が変わったら混ぜたAを加えて火を止める。ペンネを加え、強火でさっと炒め、器に盛ってBをふる。

8, パスタの友で

ささっとパスタ

ふりかけ、たらこ、つくだ煮など、
ごはんにのせておいしい「ごはんの友」があるのなら、
パスタに合わせておいしい「友」なんてものが、
あってもいいじゃないですか。
あえるだけ、フライパンでさっとからめるだけで、
次々おいしいパスタが完成する、うれしさといったら！

カレーみそそぼろ

ひき肉は、調味料と一緒に加えて
しっとり仕上げます。ごはんにかけても合うし、
冷凍してお弁当のおかずにも。

・材料（4カップ分）

鶏ひき肉 … 400g
A｜玉ねぎ（みじん切り）… ½個
　｜生しいたけ（みじん切り）… 4枚
B｜にんにく、しょうが（みじん切り）… 各1かけ
C｜カレー粉、しょうゆ … 各大さじ2½
　｜みそ、酒 … 各大さじ2
　｜みりん … 大さじ1
　｜塩 … 小さじ½
　｜水 … 1カップ
ごま油 … 大さじ2

1. フライパンにごま油を熱し、Bを中火で炒め、香りが出たらAを加えてしんなりするまで炒める。
2. ひき肉、混ぜたCを加え、ほぐしながら汁けが少し残るまで10分煮詰める。

＊日持ち…冷蔵室で3〜4日。小分けにして平らにして冷凍すれば、3週間くらい

カレーそぼろのっけ

手軽に作れるミートソース風です。
麺にはごま油を回しかけ、
ほぐれやすくしつつ、風味づけを。

・材料（2人分）

「カレーみそそぼろ」… 2カップ
スパゲッティ（塩適量を加えた熱湯でゆで、湯をきる）… 200g
ごま油、万能ねぎ（小口切り）… 各適量

1. 器にスパゲッティを盛り、ごま油をかけ、電子レンジで温めたそぼろ、万能ねぎをのせる。

カレーそぼろの豆乳クリーム

豆乳と混ぜるだけ、のクリームソース。
同量の生クリームにかえて、
バターを省いて作ってもOKです。

・材料（2人分）

A｜「カレーみそそぼろ」… 2カップ　豆乳（成分無調整のもの）… 大さじ5
　｜しょうゆ … 小さじ1　バター … 10g
ペンネ（塩適量を加えた熱湯で1分短くゆで、湯をきる）… 200g
粗びき黒こしょう … 少々

1. フライパンにAを入れて中火で温め、ペンネを加えてあえ、器に盛って黒こしょうをふる。

カレーそぼろとなす炒め

ひき肉と相性バッチリ！の
なすを合わせました。
油でしっかり炒めたなすが美味。

・材料（2人分）

「カレーみそそぼろ」… 2カップ
なす（5mm幅の半月切り）… 2本
A｜スパゲッティ（塩適量を加えた熱湯で
　｜　1分短くゆで、湯をきる）… 200g
　｜スパゲッティのゆで汁 … 大さじ3
サラダ油 … 大さじ2　粗びき黒こしょう … 少々

1. フライパンにサラダ油を熱し、なす、塩小さじ1/4（分量外）を強火で炒め、こんがりしたらそぼろを加えてさっと炒め、火を止める。
2. Aを加え、強火でさっと炒め、器に盛って黒こしょうをふる。

オリーブツナソース

かなりイタリアン風!?と思いきや、
しょうゆをきかせた和風味で、食べやすいんです。
ゆでた野菜や豚肉にかけたり、パンに塗っても。

・材料（1カップ強分）

A｜黒オリーブ（種抜き・みじん切り）
　…$\frac{1}{2}$カップ（120g）
　ツナ缶（汁けをきる）… 小1缶（70g）
　アンチョビ（フィレ・みじん切り）… 6枚
　ケッパー（みじん切り）… 大さじ$\frac{1}{2}$
B｜しょうゆ … 小さじ2　酒、水 … 各大さじ1
　砂糖、塩 … 各小さじ$\frac{1}{4}$
　にんにく（すりおろす）… $\frac{1}{2}$かけ
オリーブ油 … 大さじ3

① フライパンにオリーブ油を熱し、Aを中火で炒め、油が回ったらBを加え、汁けがなくなるまで煮詰める。
＊日持ち…冷蔵室で4〜5日

左上から時計回りに、オリーブ、アンチョビ、ケッパー。ケッパーは細かく刻んでドレッシングに加えたり、しょうゆ、おろしにんにくと野菜炒めの味つけに使っても。

オリーブツナとサラダほうれんそうあえ

生のほうれんそうと一緒に、ささっとあえるだけ。ルッコラで作るのもおすすめ。

・材料（2人分）

「オリーブツナソース」… 大さじ8
サラダほうれんそう（長さを3等分に切る）… 1束
スパゲッティのゆで汁 … 大さじ$1\frac{1}{2}$
スパゲッティ（塩適量を加えた熱湯でゆで、湯をきる）… 200g

① ボウルに材料をすべて入れ、よくあえる。

いかのオリーブツナ炒め

えびやたこで作ってもおいしい。
いかに半分くらい火が通ったら、
ソースを加え、あとは余熱で完成。

・材料（2人分）

いかの胴（7～8mm幅の輪切り）… 1ぱい分
A |「オリーブツナソース」… 大さじ8
　| スパゲッティのゆで汁 … 大さじ5
スパゲッティ（塩適量を加えた熱湯で
　1分短くゆで、湯をきる）… 200g
オリーブ油 … 大さじ1
イタリアンパセリ（みじん切り）、
　粗びき黒こしょう … 各適量

① フライパンにオリーブ油を熱し、いか、塩小さじ1/4（分量外）を強火で炒め、油が回ったら混ぜたAを加え、火を止める。

② スパゲッティを加え、強火でさっと炒め、器に盛ってイタリアンパセリ、黒こしょうをかける。

いんげんのオリーブツナ炒め

いんげんはさっと火を通し、
食感を大切に。アスパラにかえたり、
しめじを加えて作ってもいけます。

・材料（2人分）

いんげん（5mm幅の斜め切り）… 1袋（約10本）
A |「オリーブツナソース」… 大さじ8　スパゲッティのゆで汁 … 大さじ5
スパゲッティ（塩適量を加えた熱湯で1分短くゆで、湯をきる）… 200g
オリーブ油 … 大さじ1

① フライパンにオリーブ油を熱し、いんげん、塩少々（分量外）を強火で炒め、火が通ったら混ぜたAを加え、火を止める。スパゲッティを加え、強火でさっと炒める。

にんにくじゃこナッツ

じゃこは、薄く色づくくらい炒めるのがコツ。
ごはんに混ぜておにぎりにしたり、
焼きそばの具にも合います。

・材料(1½カップ分)

ちりめんじゃこ … ¾カップ(40g)
ミックスナッツ(粗く刻む)… ¾カップ(80g)
にんにく(みじん切り)… 2かけ
A | 塩 … 小さじ¾
　| 砂糖 … 小さじ¼
サラダ油 … 大さじ1

① フライパンにサラダ油を熱し、
じゃこを中火でカリッと5分炒め、
にんにくを加えて色づいたら
ナッツを加え、香ばしくなったら
Aを混ぜる。
＊日持ち…冷蔵室で1週間くらい

じゃこナッツあえ

ちょっとのしょうゆと刻みのりで、
ぐぐっと和風のパスタに変身。
水菜やサラダほうれんそうを加えても。

・材料(2人分)

「にんにくじゃこナッツ」… 大さじ5
A | スパゲッティ(塩適量を加えた熱湯でゆで、
　|　湯をきる)… 200g
　| ごま油 … 大さじ1
しょうゆ … 小さじ1　刻みのり … 適量

① ボウルにじゃこナッツ大さじ3、Aを入れてあえ、
器に盛ってしょうゆをたらし、
残りのじゃこナッツ、のりをのせる。

豆苗《とうみょう》とじゃこナッツ炒め

火が通りやすい豆苗は、パスタとあえる感覚でOK。七味のピリ辛がよく合います。

●材料(2人分)

豆苗《とうみょう》(3等分に切る)… 1袋　「にんにくじゃこナッツ」… 大さじ6

A｜しょうゆ … 大さじ$\frac{1}{2}$　スパゲッティのゆで汁 … 大さじ5

スパゲッティ(塩適量を加えた熱湯で1分短くゆで、湯をきる)… 200g

ごま油 … 大さじ1　七味唐辛子 … 少々

1. フライパンにごま油を熱し、じゃこナッツ大さじ4を中火で炒め、油が回ったら混ぜたAを加え、火を止める。
2. スパゲッティ、豆苗を加え、強火でさっと炒め、器に盛って残りのじゃこナッツ、七味をかける。

ベーコンとじゃこナッツ炒め

仕上げにかけたじゃこナッツのカリカリ食感を楽しんで。コク番長のベーコンがあれば、ボリュームだって満点！

●材料(2人分)

ベーコン(2cm幅に切る)… 4枚

「にんにくじゃこナッツ」… 大さじ7

A｜しょうゆ … 小さじ1

　｜スパゲッティのゆで汁 … 大さじ5

スパゲッティ(塩適量を加えた熱湯で1分短くゆで、湯をきる)… 200g

サラダ油 … 大さじ$1\frac{1}{2}$　青のり … 少々

1. フライパンにサラダ油を熱し、ベーコンを強火でさっと炒め、混ぜたAを加えて火を止める。
2. スパゲッティ、じゃこナッツ大さじ5を加え、強火でさっと炒め、器に盛って青のり、残りのじゃこナッツをかける。

料理製作

つむぎや（p5～25、p54～61、p65～73、p75～80、p100～111）

堤 人美（p4、p26～53、p62～64）

下条美緒（p74、p81～99、p112～127）

世界一美味しい！和食パスタの本

編集人／小田真一
発行人／倉次辰男
発行所／株式会社 主婦と生活社
〒104-8357　東京都中央区京橋3-5-7
☎03-3563-5321（編集部）
☎03-3563-5121（販売部）
☎03-3563-5125（生産部）
https://www.shufu.co.jp
印刷所／凸版印刷株式会社
製本所／株式会社若林製本工場
ISBN978-4-391-15479-5

アートディレクション・デザイン／小林沙織（カバー、p1～3、p128）
蔦村美里（studio nines）
撮影／木村 拓（東京料理写真）
スタイリング／大畑純子
描き文字・イラスト／中島基文、林 舞

取材／渋江妙子、久保木 薫
校閲／滄流社
編集／足立昭子

＊本書は、別冊すてきな奥さん『和食パスタ100』『らくらく！和食パスタ100』を再編集・書籍化したものです。